HARRIET STRAUB

WÜSTENABENTEUER. FRAUENLEBEN

herausgegeben von
Ludger Lütkehaus

Kore

INHALT

Die Neuausgabe folgt der originalen Schreibweise der Erstdrucke.

Heisse Sonne

Der See glitzert und flimmert in der heißen Luft; ein Zittern huscht wie ein dunkler Schatten über seine seidig glänzende Oberfläche, immer wenn wieder vom Säntis her der Föhn über ihn hinwegstreicht, und leise anschlagend rauscht unten am Strand die Welle. Stumm arbeiten die Frauen in den Rebbergen, die mein Haus vom See trennen, in der schwülen Hitze des föhnigen Septembertages ist ihr heiteres Singen längst erloschen, und nur im trägen Takt der Gewohnheit schwingt die Hacke, die die Rebe von jedem Unkraut befreien soll.

Ich liege in der Hängematte im schattigen hundertjährigen Laubengang und lausche gedankenverloren in die große Stille hinein. – Das Rauschen der Blätter über mir klingt zusammen mit dem Rieseln der Kiesel unten am Strand, und meine Augen schließen sich, geblendet vor dem Flimmern des zitternden Sees. Und vor mir steigen längst vergangene Tage auf, ich höre das leise Rieseln des Sandes, wenn in der Wüste der Samum sich erhebt, ich sehe das

Leuchten der fahlen Sanddünen, wenn die Sonne wie flackerndes Feuer über unsern Häuptern am Himmel stand, und ich sehe in langen Reihen die Kamele durch die flimmernde Wüste ziehen.

Brennend liegen die Sonnenstrahlen auf den Scheiteln der Menschen, und die Hitze hüllt Mensch und Tier in ihren flaumigen Mantel.

Stumpf, vom eintönigen Gesang der Treiber begleitet, schreiten die Kamele. In gestrecktem Galopp sprengt ein Reiter den Zug entlang. Die gleiche Unrast treibt Pferd und Reiter, aber vergeblich ist die Hoffnung, den flammenden Mantel zu lösen durch die rasch bewegte Luft. Von selber fällt das Pferd in seinen matten Gang zurück, und der Reiter zieht sich tiefer den Burnus über die geblendeten Augen und läßt regungslos sich tragen, weiter, immer weiter ins brennende Reich der Sonne hinein.

Niemand spricht. Der Gesang der Treiber verstummt. Keine Flöte klingt, wie sonst, zum Tritt der Kamele. Lautlos, wie die blauen Schatten auf dem Sande, zieht die Karawane weiter.

Da plötzlich erhebt sich ein Windstoß von Norden. Noch hat die glühende Steppe nicht vermocht, ganz den feuchten Hauch des Meeres aufzusaugen. Mensch und Tier atmen auf; es flattern die Mäntel der Männer, und der Wind zaust die Mähnen der Pferde und spielt mit den wolligen Flocken an den

Seiten der Kamele. Beklemmende Stille folgt. Doppelt schwer lastet die brennende Luft. Da – wieder das leise Rauschen im lockeren Sande der Dünen, der Vorbote des Windes, und unmittelbar folgend ein kräftiger Stoß – aber versengende Glut mit sich führend!

Die Wüste erwacht. Ein leises Zittern bewegt den treibenden Sand. Am Horizont ballt sich gelber, schwelender Brodem. Noch einmal versucht es der Bote des Nordens zu siegen im Kampf mit dem tötenden Atem der Wüste; aber immer schwächer werden seine Stöße; die trockene Glut versengt ihm die strotzenden Lungen; keuchend liegt er am Boden, die feuchten Schwingen über sich schlagend, um sich zu schützen gegen den Anhauch der Wüste.

Vom stoßenden Atem hebt sich der Grund. Zitternd vor der Macht des peitschenden Sturmes schiebt sich in weiten Wellen die erste Sandwolke flach über die Ebene. Die Sonne hängt als rote Kugel am Himmel, eingehüllt in gelbe Schleier, die dichter und dichter sich verweben, bis Himmel und Ebene angefüllt ist mit fahlroter, brodelnder Dämmerung.

Von der Spitze bis zum Ende des Zuges geht ein ängstlich Fragen und Rufen, unheimlich übertönt vom Klagegeschrei der Kamele, vom zornigen Wiehern der Pferde.

«Es öffnen sich die Tore der Hölle, die Verdammten einzulassen», erzählt der Tuaregführer leise dem fremden Genossen. «In langen Zügen schreiten sie hinein, entgegen der ausströmenden Hitze, dem elenden Verderben entgegen. Das Tor klappt zu. Quälende Hoffnung spiegelt den Übrigen ein Entkommen vor die wunderdürstende Seele; vielleicht hat der Herr des Feuers* genug der Qualen – vielleicht – doch von neuem öffnet sich das Tor, immer von neuem strömt die versengende Todeshitze aus, der sie verfallen. Unersättlich ist der Feind der Menschen, und freiwillig müssen wir ein Opfer bringen, sollen wir nicht alle dem Todeszug uns anschließen.» –

Ein geller Pfiff. Die Karawane steht. Eilends werden die Kamele im Viereck aufgestellt; die Reiter steigen ab und treten in den freien Raum. Abseits, zwischen den Beinen der Kamele, kauern mit ernsten Augen und bleichen Gesichtern die Treiber. Es sind junge Burschen, keiner ist älter als 15 Jahre.

Es wird kein Wort gesprochen. Der Älteste der Karawane tritt in den Kreis der Männer und hält eine silberne Kapsel, die er mit vielen anderen Amuletten auf seiner Brust getragen, hoch in die Lüfte. Ein dumpfes Gemurmel: «Allah akhbar», antwortet ihm.

---

* der Teufel

Rasch schüttet er den Inhalt der Büchse, eine Anzahl engbeschriebener Blätter, die Suren des Korans, in eine herbeigebrachte Ledertasche und geht mit ihr zum Kreise der kauernden Treiber. Immer schweigend, ohne ein Zeichen der Erregung zieht jeder der Jungen einen Zettel aus dem tiefen Beutel.

Alle haben gezogen. Ein kurzes Zögern, und dann wirft jeder einen prüfenden Blick auf den Zettel in seiner Hand. – Einer schreit auf – ein rauher, tierischer Schrei – und wirft sich auf den Boden, auf den glühenden Sand, der bald sein Grab sein wird – wenn Allah kein Wunder tut. Er hat die Sure vom Tod gezogen.

Man bindet ihn an Händen und Füßen. Ein Mann besteigt Bel-Eccahka* das schnellste Kamel der Karawane. Ein kleiner Schlauch mit Wasser wird ihm gereicht und der Gebundene zu ihm quer über den Sattel gelegt. Angetrieben vom Geschrei der Treiber und dem Stachel des Reiters springt Eccahka auf und fliegt mit seiner Last hinein in die rotleuchtende Dämmerung. –

In stumpfem Schweigen lagern sich die Zurückgebliebenen im Schutz der knieenden Kamele, fest verhüllt in ihre Mäntel gegen den peinigenden Sand, den die immer rascher sich folgenden Windstöße höher und höher aufwirbeln.

---

* Sohn des Blitzes

«Allah ist groß», murmelt der Tuareg vor sich hin. «Allah ist groß, und die Todesstunde eines Jeden steht geschrieben im Buch des Lebens. Jetzt wird der gierige Atem der Hölle dorthin lecken, wo seiner ein Opfer harrt. Das Todeslos fiel gut. Noch hat der junge Abdallah nicht im heiligen Krieg gekämpft und keine heilige Stätte ist von ihm besucht worden; leicht ist noch seine Seele an wiegenden Taten, und hat doch Allah ihm bestimmt, sich das Paradies der Gläubigen im Kampfe zu erringen, so kann er tausendmal tausend Kamele ihm senden, die Wüste wird voller Quellen sein für ihn, und Dattelbäume werden ihre Früchte über ihn ausschütten.

Wir aber sind gerettet. Wenn Eccahka zurückkommt mit dem Vollstrecker des Opfers, werden wir alle weiter ziehen. Ungefährdet werden wir anlangen unter den kühlen Palmen El-Biahrs und an den Quellen der Oase einen Vorgeschmack des Paradieses genießen. Allah ist groß und Mohammed ist sein Prophet.» –

Vorbeigesaust war der Samum, und ihm nach jagte der feuchte West und türmte Wolken über Wolken auf und schüttete über das versengte Land seinen Regen aus, daß die dürstenden Quellen wieder flossen und die vertrockneten Flußbetten sich füllten mit gurgelnden Wellen. Dann siegt wieder die heiße Sonne. Und durch die Wüste von Süden her kommt ein Zug, der Aziza, die Tochter Sidi Abderrhachmans ben Hamzans ins Gebiet ihres Gatten führt, zur Oase Msila.

Schaukelnd trägt Ben-Saad, das weiße Mehari*, Aziza durch den Wald von Lorbeerrosen im Tale des Hodnas, stöhnend durchschreitet es die Wellen des regengeschwollenen Schlangenflusses. Steil steigen die Ufer empor in den flammenden Äther, und blaue Adlerschatten streichen an dem Gold der Wandung entlang. In vielen Windungen, immer wieder den Fluß durchkreuzend, führt der Pfad, der Aziza und ihr Gefolge zum Zelte Sidi Imrou-el-Kais ben Saadia bringt, der heute noch ihr Gatte werden soll.

Prächtig ist das Gefolge Azizas, die edelsten Pferde, schlanke Mehari, schwer mit reichen Teppichen geschmückte Lastkamele geleiten die Herrin, und die Dienerinnen in den verhüllten Zelten auf dem Rücken der Kamele scherzen und singen in übermütiger Lust, und die Treiber antworten in heißen Worten auf die Lockgesänge der Mädchen.

Nur Aziza sitzt unbeweglich im bequemen Lager auf dem Rücken Ben-Saads. Über ihr in der lichten Klarheit ziehen der Wüste Märchenvögel, die Flamingos, ihr dichter Schwarm füllt des Himmels

---

* Reitkamel

Glanzgewölbe mit Azaleenrosenleuchten, von den schön geschwungenen rosigen Flügeln fließen Feuerschleier lang hernieder.

Azizas Blick folgt dem Flug der Vögel nicht, ihr Auge sucht weit über die flimmernden Dünen hinweg das Zelt Sidi Imrou-el-Kais. Und kaum achtet sie darauf, daß eine kurze Weile der Zug stockt, und ohne Neugier hört sie den Bericht ihres Bruders, der ihr erzählt, daß Allah ein Wunder getan, daß Allah ihren Einzug in Msila sichtbarlich mit segnenden Händen begleitet. «Wir haben das Opfer des Samums auf unserem Wege gefunden und den jungen Abdallah gerettet vor dem Tod des Tatenlosen. Dein Weg zu Sidi Imrou hat dem Vater des Feuers ein Opfer entzogen, gesegnet ist dein Weg», schloß ihr Bruder; und hätten Azizas Augen nicht nach dem Zelte Sidi Imrous ausgespäht, so hätte sie durch den klaffenden Spalt ihrer Schutzdecken den jungen Treiber sehen können, der mit demütigem Gruß den Zipfel des Teppichs, auf dem sie saß, an seine Lippen führte. Rasch war der Zug wieder geordnet, und Azizas Ohren hörten nichts von den lebhaften Reden ihres Gefolges, die den jungen Abdallah ausfragten über seine Stunden des Verschmachtens und über seine Rettung durch den Regen, den Allah ihm gesandt.

Da stäubt fern am Horizont eine goldleuchtende Wolke auf, sie löst sich, breitet sich und hüllt wie in Glorienschein eine Anzahl Reiter, die dem Zug Azizas entgegensprengen. Man ist an der Grenze des Gebiets Sidi Imrous angekommen. Die Frauen stoßen laute Freudenrufe aus, Trommeln und Flöten erheben ohrenbetäubenden Lärm, grell klingen die Töne der Rhita* über die weite Fläche. Der Zug steht still, nur die Reiter, Azizas Brüder, sprengen vor, den Ankommenden entgegen. Die Musik schweigt. Man hört die tiefen Stimmen der Männer, die die Grußesworte wechseln, dann knattern die Gewehre – alles ist bereit, die Braut zu empfangen.

Der Zug setzt sich wieder in Bewegung, vorn reiten die Männer, dann folgt das dichtverhüllte Zelt der Braut auf dem Rücken Ben-Saads, zuletzt in langer Reihe das Gefolge, das jetzt einen eintönig schwermütigen Gesang anstimmt.

Das Leuchten im Westen ist verblaßt, und fern am Saum des Himmels steigt die blaue Dämmerung auf, als Aziza am Zelt ihres Gatten anlangt.

Das Mehari kniet auf den Ruf des Treibers nieder, Aziza schlägt die Teppiche zurück und steigt zur Erde. Ihr Fuß schwankt, der junge Abdallah springt vor und stützt ihre greifende Hand, dann umringen

---

* Hirtenflöte mit weiter Schallöffnung

sie ihre Frauen, und die Vorhänge des Zeltes ihres Gatten schlagen hinter ihnen zusammen.

Unbewegt steht Aziza auf den farbenleuchtenden Teppichen, während die geschäftigen Frauen ihre Schleier lösen und mit kostbaren Gewändern sie schmücken. «Aziza du bist schön, und glücklich ist Sidi-Imrou-el-Kais, dein Gatte, und glücklich bist du Aziza, denn stolz und herrlich ist Ben Saadia, dein Gatte, mein Auge sah ihn, bevor die Vorhänge des Zeltes hinter uns zusammenschlugen», so flüstert Aïcha, die Lieblingsdienerin, der Herrin zu. Ein Zucken geht über das Gesicht Azizas – aber stumm läßt sie sich wieder einhüllen in die weißen Seidenschleier aus Medina, nur ihre Augen leben und suchen die Öffnung des Vorhangs, durch die Imrou, ihr Gatte, eintreten wird. Ein Wink entfernt die Dienerinnen. Die Braut ist allein.

«Aziza!» – Sie faltet die Arme über der Brust und beugt das Haupt zu stillem Gegengruß, unbeweglich steht sie, der Sitte folgend, aber ein leises Zittern rinnt durch ihren Körper. Wohl waren Laute, die sie riefen, schon früher an ihr Ohr gedrungen, aber jetzt zum erstenmal drang der Klang ihres Namens, der Ton einer Stimme, in ihr Blut. Sie spürte die weichen Schwingungen schmeichelnd in ihrem Körper.

Imrou tritt näher, und leise spricht er die bindenden Worte, die Aziza zu seiner Gattin machen:

«Aziza – laß mich dein Antlitz sehen.» – Aziza hebt den Kopf, zum erstenmal sieht sie ihrem Gatten ins Gesicht, fragend, forschend, ob sein Auge sie so zu ihm zwingt wie seine Stimme. – Dann löst sie mit einem leisen Jubelruf die Schleier, und Imrou sieht ihr Antlitz, das, durchleuchtet von Glück, sich ihm entgegenneigt. Und Aziza schmiegt sich in seine Arme, ihr schlanker Körper biegt in zitterndem Glück sich seinen heißen Wünschen entgegen. «Aziza», jubelt Imrou, «meine Blume, du bist schön, und ich danke Allah, der dich mir gegeben.»

Fernher, getragen von den blauen Wellen des Lichts, dringt der Verkündigungsruf des Muezzin. Verklingend weckt der klagende Ruf die lauschende Nacht, in diamantenen Schleiern schreitet sie eilig einher. Durch die Spalten des Zeltes sieht Aziza die silbergesäumten Fächer der Palmen. Ihr Ohr, geweckt durch die Stimme des Geliebten, hört das leise Rauschen des Flusses der Oase, die blühenden Sträucher der Gärten senden ihren erwachten Sinnen berauschende Düfte: «Imrou», flüstert sie scheu, «fühlst du, daß ich lebe, daß du mir das Leben gibst?» Lange liegen sie still und lauschen der Stimme ihres Blutes und der schweigenden Nacht.

Draußen ertönt leiser Gesang. Imrou läßt Aziza aus seinen Armen und klatscht in die Hände. Dienerinnen eilen herbei und bringen auf seinen Wunsch kostbar gearbeitete Kassetten, schwere perlmuttereingelegte Truhen, die sie mit eifrigen Händen öffnen, um der Herrin die reichen Schätze darzubieten.

«Sieh, Aziza, wie es das Gesetz verlangt, bringe ich dir das Brautgeschenk», spricht Imrou. «Dreißig mal dreißig Kamele und hundert Sklaven schickte ich deinem Vater, und dieselbe Zahl will ich ihm noch morgen senden, und hier, was ich dir zu deiner Freude schenken möchte.»

Aziza streift mit flüchtigem Blick die sprühenden Steine und schimmernden Perlen, die goldgestickten Stoffe und zarten Gewebe, die die Frauen vor ihr ausgebreitet haben, und lächelnd frägt sie Imrou: «Willst du mich lehren, daß noch etwas Wert hat außer unserer Liebe?»

Lautlos enteilen auf Imrous Wink die Dienerinnen, und er zieht Aziza wieder an sich: «So hast du mich lieb, Aziza?» frägt er ernst. «Du hast mich geboren und frägst, ob ich dich liebe?» antwortet ihm Aziza. «Du hast für mich die Welt erschaffen, und sie ist schön, deine Welt, und ich sollte den Schöpfer nicht lieben? Ich hab dich lieb, Imrou. Dein Ding, dein Blut, deine Seele bin ich, Imrou.»

«Schön bist du, Aziza, du meine Seele – das hat wohl auch Abdallah, der junge gerettete Treiber gesehen, der dich stützte, als dein Fuß strauchelte beim Herabsteigen vom Rücken des Meharis. Zum erstenmal sah ich da deine Gestalt, Aziza, und der junge Treiber stützte deine Hand – ich ließ ihn töten, den jungen Treiber – Aziza – denn ich hab dich lieb, du meine Seele –»

«Deine Worte sagen mir, o Imrou, daß es noch andere Männer gibt als du», antwortete Aziza, und ein leiser Schatten zieht über ihre Stirne. Aber Imrou zieht sie fester in seine Arme, und unter dem frohen Blick seiner Augen, in dem jubelnden Klang seiner Stimme versinkt der Gedanke, und die Welt ist wieder vollkommen, wie sie aus des Schöpfers Hand hervorgegangen, damit Imrou und Aziza sich ihrer erfreuen.

Und sie liegen schweigend Mund an Mund und lauschen der Stimme ihres Blutes und dem Schweigen der Nacht.

«Jung bin ich wieder», flüstert Imrou, «ich habe die weisesten Ärzte aller Reiche kommen lassen, und dem gab ich die Hälfte meiner Schätze, der zwanzig Jahre meines Lebens von mir nahm, damit ich deine Seele aufsaugen kann in deinem süßen Körper, Aziza, du bist bei mir – ich fühle dich, Aziza!» –

«Ich war bei dir, Imrou, – doch Imrou, sie nennen dich den Weisen, warum lehrst du mich, daß es jüngere Männer gibt als du?»

Doch wieder küßt er ihr den Gedanken von der Stirn, und leise fährt er fort: «Und wenn du müde in meinen Armen liegst wie jetzt, du Süße, so wie jetzt, so glücklich lächelnd, dann will ich dir Märchen erzählen. Ich saß so viele Nächte am Lagerfeuer, lange Jahre, und da hab ich die Lieder der Erde gesammelt, um sie dir zu erzählen, und die Djimm* lehrten mich die Klänge der Sterne und die Stimmen der Ewigkeit verstehen, und dir sollen sie tönen, Aziza, wenn du so lächelst, wenn deine Augen so leuchten wie jetzt, und die Märchen der Menschen will ich dir erzählen – die schönsten Märchen – von Menschen, die sich liebten, so wie wir.»

Aziza dachte: «So gibt es noch andere Märchen außer unserm Glück.» Und der Schatten, der zweimal schon ihre Stirn verdunkelt, stieg wieder auf und setzte sich fest und tauchte ihre Seele in Nacht.

Unter ihren streichelnden Händen hatten Imrous frohe Augen sich geschlossen, und er sah den Schatten in Azizas Augen nicht; er vertauschte die glückbringende Wirklichkeit mit dem gaukelnden Traum, während Aziza wach in seinen Armen lag und mit dem Gespenst des Lebens rang.

---

* Naturgeister

Vor ihrer Seele stehen die Worte Imrous, und ihre Augen sehen den jungen Treiber, den sie im glühenden Sande der Wüste gefunden, und sie hört die Worte der Eifersucht Imrous, und sie fragt sich wieder: So wäre es Möglichkeit, daß ich in die Arme jenes Abdallah mich ebenso geschmiegt wie jetzt in die starken Arme Imrous? Und ihr Blut, das noch zitternd und heiß durch ihren Körper strömt, erstarrt in Kälte und Ekel vor dieser Wirklichkeit. Und ihr Ohr hört die Worte Imrous: «Jung bin ich wieder», und sie hört den rasenden Flügelschlag der eilenden Zeit und sieht Imrou verschwinden hinter die grauen Wände der Ewigkeit und sieht sich, sieht, wie ihre Fäuste sich blutig schlagen an diesen hartgefügten Quadersteinen und sieht sich einsam stehen vor diesen kahlen Wänden. Und ihre Seele erstarrt vor dieser Wirklichkeit. Und todeswund hört sie Imrous lächelndes Versprechen: Märchen werd ich dir erzählen, Märchen von Menschen, die sich liebten so wie wir. Ein Märchen nur!

So war Körper und Seele ihr nicht erwacht zum wirklichen, strahlenden Leben in dieser Stunde des Glücks, ein Märchentraum war's, und das Leben, das Leben war Schmutz und Qual und Tod, und Fetzen um Fetzen ihres Märchentraums würde das Leben ihr entreißen, bis sie nackt, mit nackter Seele, mit nacktem Körper, dem grauen Gespenst des Lebens ausgeliefert wäre.

Und die Schatten wuchsen und schlugen über Azizas Seele zusammen.

Wie ein Geist löst sich Aziza aus Imrous Arm und greift vom Wehrgehänge am Mittelpfosten des Zeltes Imrous Dolch, und ins Herz getroffen sinkt Aziza lautlos zu Imrous Füßen auf den Teppich.

Ein Schrei weckt mich aus meiner Versunkenheit, und ein kalter Schauer fährt mir über den Körper. Der Pfau, hoch oben auf der Balustrade, hat dem kommenden Gewitter entgegen geschrien, schwarz geballt steht's im westlichen Hegau, und der See liegt wie gebannt in bleierner Schwere. Kein Flimmern und Glitzern ist mehr auf seiner Oberfläche, selbst wie eine trächtige Wolke liegt er da und harrt des Blitzes, der seine Spannung lösen soll. Die ganze Natur hält den Atem an, wie ein zum Sprung bereites großes Raubtier, das mit einer großen Pranke das wimmelnde Leben zerstören möchte.

Unter mir im Rebberg rufen die Frauen und sammeln eilig ihre Geräte, um sich zu flüchten unter das sichere Dach ihrer enggebauten Häuser, wo sie fromm bei der brennenden Gewitterkerze dann sich wohl behütet fühlen unter dem Schutz ihres Gottes, der Herr noch ist auch über die tobenden Naturkräfte.

Der schwarze Panther

«Etsch, ich habe einen schwarzen Panther gesehen und die Appassionata gehört.» Den Satz hatte die noch junge Frau schnell auf den Briefbogen gekritzelt, dann starrte sie eine kleine Weile gedankenvoll auf das Blatt, runzelte die Stirn und sprang schließlich mit einem Achselzucken vom Schreibtisch auf. Sie ging ein paarmal im modern eingerichteten Hotelzimmer hin und her, dann nahm sie sich aus der Krystallschale eine Zigarette, zündete sie an und legte sich auf den Diwan.

Nach dreijähriger sehr glücklicher Ehe war heute der erste Tag, den sie ohne ihren Mann zubrachte. Eine alte Freundin aus Kinderzeiten war in Not geraten und erkrankt, und Frau Herta hatte sich Urlaub von ihrem Mann erbeten, um zu helfen, soweit es möglich war. Ihr Mann konnte wegen Berufsgeschäften die kleine Reise nicht mitmachen, und wenn die Abwesenheit auch nur ganz kurz dauern sollte, der Abschied war ihnen beiden doch schwer gefallen; so sehr hatten sie sich in den drei frohen Jahren in einander eingelebt. Ihre Zusammengehörigkeit ging so weit, daß eine Freude keine Freude mehr war, wenn der andere sie nicht zugleich genießen konnte.

Und nun lag Frau Herta auf dem Diwan und grübelte über den Satz nach, den sie geschrieben. Jedes Wort ist eine Kränkung für Hans, dachte sie. Er muß heraushören, daß ich mich jubelnd gefreut habe mit dem Panther, und ich habe ihn allein gesehen, während er zuhause Sehnsucht nach mir hatte, und – ich habe gar nicht an ihn gedacht, wenn ich ehrlich sein soll. Ich war mit meiner ganzen Seele bei dem Panther und habe jede seiner entzückend geschmeidigen Bewegungen hungrig in mich hineingeschluckt. Und immer war Hans empört über meine übermäßige Tierliebe; er wird wieder empört sein, daß ich den Panther und die Appassionata in einen Topf werfe; und wenn er mir das Entzücken über den Panther verzeiht, wird er mir schwer verzeihen, daß ich die Appassionata scheinbar gleich einschätze, und gar nicht wird er mir verzeihen, daß ich die Appassionata überhaupt mit angehört habe – nun gar ohne ihn. Wie ist's denn aber auch möglich, daß ich mich so gefreut habe, so jubelnd gefreut habe, wo mich doch jetzt drei Jahre lang keine Blume gefreut hat, wenn ich sie nicht mit Hans zugleich sehen konnte? Als Frau Herta der Gedanke kam, sprang sie vom Diwan auf und ging unruhig im Zimmer hin und her, sie trat ans Fenster und lehnte die Stirn, Kühlung suchend, an die Scheiben und sah lange, ohne zu sehen, in den Hotelgarten hinunter mit den künstlich gepflegten Blumen und Bäumen, die so harten Kampf führen gegen den Ruß und Staub der Großstadt.

Sie dachte an ihr Leben vor ihrer Ehe, an ihre Konzertreisen, von denen sie immer zu Tode erschöpft, bei ihrem leidenschaftlichen Streben nach Vollendung in ihrer Kunst, in ihr stilles Haus am Gebirgssee zurückkam, um in der Natur wieder Kräfte zu holen für neues Ringen. Ein leises Lächeln kam in ihr Gesicht, als sie an ihren «zoologischen Garten» dachte; alles Getier, das sie auftreiben konnte, hatte sie in ihrem Garten angesiedelt. Alle Findlinge, mißhandelte Hunde oder Katzen, arme Käfigvögel oder aus dem Nest gefallene Wildvögel hatte sie aufgenommen, und ihrer großen Geduld und Liebe, ihrem Eingehen auf die Eigenheiten der Tiere war es immer gelungen, diese verschüchterte, verprügelte und verscheuchte Kreatur zu zahmen, lebensfreudigen Haustieren umzuwandeln. Daß Hund und Katze bei ihr innige Freundschaftsbündnisse schlossen war selbstverständlich, aber auch ein zahmer Fuchs ließ sich vom Rotkehlchen die guten

Bröckchen ohne Protest aus der Futterschüssel picken, und eine von unvernünftigen Menschen halb tot geschlagene Ringelnatter war unter ihrer Pflege so zahm geworden, daß sie ihr bis ins Haus nachfolgte, wenn sie sie durch leises Pfeifen lockte. Und sie dachte daran, wie verärgert Hans dabei stand, als sie zum erstenmal ihr Heim zusammen besuchten, und alle Tiere auf sie zustürzten und begrüßt sein wollten, und sie sich niederkniete und lockte und schmeichelte und auch Hans völlig vergaß.

Zu bald schon immer mußte sie ihre Einsamkeit verlassen, um ihrer Kunst zu leben; und eine solche Konzertreise brachte ihr einen Nervenzusammenbruch. Im Sanatorium erfuhr sie, daß ihr Herz wohl nie ganz gesund gewesen war und jetzt jeder neuen Anstrengung erliegen könnte. Hans war ihr Arzt und wurde bald ihr Mann, der nun mit eifersüchtiger Sorge darüber wachte, daß keine Aufregung an sie heran kam. Musik war verboten, und sie fügte sich dem Verbot, weil sie mit ihrem ganzen leidenschaftlichen Fühlen sich an das Glück der Zweisamkeit nun anklammerte.

Ihre übermäßige Tierliebe hatte Hans einzuschränken verstanden, ohne Verbot, durch leisen Spott, und dadurch, daß er ihre Zeit und ihre Gedanken immer mehr für sich in Beschlag nahm; so hatte er sie in den drei Jahren ganz eingesponnen in ihr Glück; kein Gedanke, kein Wunsch war hinaus geflattert aus den engen Wänden ihrer frohen Gemeinsamkeit.

Und nun war sie einen ersten Tag allein, und ihr Herz war gefüllt bis zum Übermaß, jawohl bis zum Übermaß, mit Freude an Dingen, die Hans ihr wehrte, und – die drei Jahre waren weggewischt aus ihrer Seele, als wären sie nie gewesen. Die Appassionata hatte eine Sehnsucht in ihr geweckt, von der sie nicht wußte, ob sie sie je wieder zum Schweigen bringen konnte. Sie hatte wohl gefühlt, wie recht Hans hatte, wenn er ihr auch das bloße Hören von Musik verwehrte; ihr Herz hatte beängstigend geklopft, als sie der Appassionata, die eine frühere Kollegin ihr vorspielte, lauschte, und sie war jetzt noch, nach Stunden, erregt, wie in der schlimmen Zeit ihres Zusammenbruchs, aber im Untergrund ihres Seins flüsterte eine Stimme immer vernehmlicher: lieber mit Musik sterben als ohne Musik leben. «Sich fortreißen lassen, und wär's zum Tod», die schlanke Frau am Fenster sprach's fast laut vor sich hin; und dann durchlief ein Zittern ihren Körper, und sie schreckte aus ihrer Versunkenheit auf und griff nach einer Stütze, und erschöpft sank sie in den Sessel, der vor dem Schreibtisch stand.

«Etsch, ich habe einen schwarzen Panther gesehen und die Appassionata gehört», las sie, durch Tränen geblendet, die ihre Augen füllten. Noch eine Weile sah sie auf das Blatt und horchte in sich hinein, dann griff sie unsicher tastend nach dem Halter und schrieb, erst zögernd, dann immer schneller:

«So hab' ich vorhin – ich weiß nicht, wieviel Zeit es her sein mag – in meiner ersten übermütigen Freude geschrieben. Dann hab' ich mich besonnen und hab' gefühlt, wieviel Du aus dem Satz herauslesen kannst, das Dir weh tun wird, und ich hab' aufgehört und wollte Dir einen andern Brief schreiben, einen ruhigen, einen Brief Deiner Herta, wie Du sie in unsern drei Jahren lieb hattest, und – oh Hans, liebster Hans, ich fand Deine Herta nirgends mehr in mir, als hätte ich drei Jahre geträumt, und nun wäre ich aufgewacht, so war's mir und so ist's mir. Und eine Hast und eine Ungeduld ist nun in mir, wenn ich an die drei Jahre denke, als müßte ich eilen und die versäumten – ich weiß, Hans lieb, wie hart das ist, wenn ich unsere frohen, glücklichen Jahre so nenne – die versäumten Jahre wieder einholen.

Die Sehnsucht nach meiner Kunst ist aufgewacht und schreit nach Leben und will sich nicht zum Schlaf mehr zwingen lassen. Und nicht nur das, Hans, da würdest Du vielleicht noch zur Zustimmung Dich überzeugen lassen, wenn Du sehen müßtest, daß ich vielleicht an meiner Kunst sterben kann, aber sicher an meiner Sehnsucht zu Grunde gehe; es ist Schlimmeres in mir aufgewacht: die Sehnsucht nach dem Übermaß ist in mir. Ich finde für das, was ich fühle, nur das ungeschickte Wort, das Dir gar nicht andeuten kann, was ich meine.

Wenn der schwarze Panther geduckt liegt und mit der elastischen Kraft eines straff gespannten Bogens aufschnellt und auf seine Beute stürzt, so fühle ich das in mir, ich fühle die Spannung in mir und sehne mich nach dem Sprung. Bei Dir ist die Ruhe und der Friede und das Glück, und ich sehne mich nach der Unruhe des Meeres, nach dem Kampf aller Kräfte, nach den Schmerzen und Wunden des Lebens.

Du lachtest manchmal, weil ich eine Wurzel im nahen Wald so liebte, daß ich nie an ihr vorüberging, ohne sie zu streicheln. Sie war als kleines Fäserchen in einen schmalen Felsenriß eingedrungen, und langsam und stetig hatte das kleine Fäserchen den Fels gesprengt und war zum nährenden Erdboden durchgedrungen. Immer neu hat's mich erschüttert. Das Leben scheint mir wie der Fels, und ich muß mit eiserner Kraft hindurch mich zwängen, will ich zu meinem nährenden Mutterboden kommen; und drei Jahre habe ich geschlafen und war – nur glücklich.

Hans, hilf! Laß mich leben, auch wenn Du weißt, daß Du mir nur den Tod schenkst, so laß mich lebend sterben, nicht langsam hinüber dämmern, wozu Deine Liebe mich zwingen möchte.»

Aus
Annette von Drostes
Leiden

Im Jahre 1820 schrieb Anna von Haxthausen, die nur wenig Jahre ältere Tante der dreiundzwanzigjährigen Dichterin Annette von Droste-Hülshoff:

«Lieber Straube, nein, ich glaube nicht, daß es gut ist, wenn Nette Ihnen schreibt; wäre sie schon ganz fest in ihrer Besserung, ja dann würde es mich selbst erfreuen, aber sie ist noch ein zartes Pflänzchen, das wir pflegen müssen, und so fürchte ich, daß es nicht gut wäre, wenn Nette glauben könnte, sich mit Ihnen versöhnt zu haben. Nette muß zu ihrer Buße noch oft den Vorwurf in sich fühlen, wie schlecht sie gegen Sie gehandelt hat. – Glaubt sie aber sich gegen Sie gerechtfertigt, oder auch nur ganz Verzeihung [erhalten zu haben], dann möchte sie am Ende auch glauben, gegen den Himmel nichts mehr verbrochen zu haben, und wie kann sie das?» –

Was hat Annette verbrochen, um zu ihrer Buße noch oft den Vorwurf in sich fühlen zu müssen, schlecht gehandelt zu haben? Sie liebte Heinrich Straube, den sie wohl durch ihren Onkel, Werner von Haxthausen, kennen gelernt hatte. Sie liebte ihn, wie sie selbst schreibt: «*Ich hatte ihn so lieb, daß ich ihn hätte aufessen mögen.*» Aber sie war sich ihrer Gefühle nicht ganz bewußt gewesen; in demselben Briefe sagt sie: «*Er war mir lieber wie meine beiden Brüder, aber ich hielt es ehrlich für Freundschaft.*» In dieser Unklarheit ließ sie sich die Aufmerksamkeiten von einem Freunde Straubes, von August von Arnswaldt, gefallen und schwankte wohl wirklich eine kurze Zeit, welchem von beiden ihr Herz gehöre. «*Ich hatte Arnswaldt sehr lieb, auf eine andere Art wie Straube. Straubens Liebe verstand ich lange nicht*», schreibt sie in dem rührenden Brief an die Tante von Haxthausen. «*Ich habe nun schon drei Monate und darüber gelitten, wie ich früher keine Idee davon hatte, und das wird auch wohl dauern, solange ich lebe ... Um Gotteswillen, schreib mir doch, was macht er? Ihr wißt nicht, wie unbarmherzig Ihr seid, daß Ihr mir nichts sagt ... Ich bin zuweilen etwas wild, wenn ich mal nicht an St. denke, sondern nur wie Ihr jetzt blindlings auf mich loshackt. Aber das kömmt selten, denn ich denke Tag und Nacht an St. Ich hab ihn so lieb, daß ich keinen Namen dafür habe. Er steht mir so mild und traurig vor Augen, daß ich oft die ganze Nacht weine und ihm immer in Gedanken vielerlei erkläre, was ihm jetzt fürchterlich dunkel sein muß. Ach Gott, wenn ich ihm nur schreiben dürfte ... Ach könnte ich St. nur noch einmal sehen oder auch nur eine freundliche vergebende Zeile von seiner Hand. Soll er meine Locke wohl fortgeworfen haben? Anna, es ist unmöglich, ein solches Verhältnis kann sich nicht ganz lösen ...»*

Von Straube existiert ein Brief, worin er Haxthausen bittet, *«eine arme Seele, die er nie, nie vergessen kann, nicht zu peinigen.»* Auch Annette von Drostes Locke fand sich noch in seinem Nachlaß.

Im Familienrat scheint aber beschlossen worden zu sein, die arme Seele wohl zu peinigen. Nette soll büßen, sie möchte sonst am Ende wohl glauben, auch gegen den Himmel nichts verbrochen zu haben! Ganz leise könnte man fragen, ob außer den üblichen aristokratischen Vorurteilen und der traditionellen Frömmigkeit der Familie (Straube war Protestant) nicht auch ein wenig Eifersucht geholfen hat, die Fäden absichtlich zu verwirren. Eben die Tante, die so sehr für die moralische Vervollkommnung der armen Nette eintritt, heiratet dann bald den August von Arnswaldt, dessen Neigung Annette so irre gemacht hatte. War da nicht weibliche Eifersucht im Spiel, die gerne strafte, weil Arnswaldt sich Annette zuzuneigen schien?

Wer war denn nun dieser Straube, an dem das Herz des Freifräuleins Annette von Droste-Hülshoff so hing? Ein Zufall spielte mir sein Bild in die Hände, eine Bleistiftzeichnung aus dem Nachlaß der Droste. Das Bild bestätigt die merkwürdige Charakteristik Straubes, die Wilhelm Grimm gibt. *«Ein kleiner, grundhäßlicher Kerl, der beständig lacht, dem aber jedermann gut ist»*, so schreibt er an Arnim; und an Annettes Tante Zuidtwick: «*Wie hat Ihnen denn der Straube gefallen? Es ist ihm jedermann gut, der ihn sieht, manchmal denkt man, er habe sein Gesicht samt der straubigen Perücke bloß zum Spaß vorgenommen und könne es ablegen, samt mancherlei anderen Sitten, die gerade nicht angenehm in die Augen fallen, durch welche aber immer eine bestimmte Ehrlichkeit leuchtet. Ich muß lachen, wenn ich ihn sehe, in welchem Stück er mich aber sehr übertrifft ...*»

Straube studierte in Göttingen Jura und hat 1821 dort seinen Doktor gemacht. Er war Dichter und Herausgeber der *Wünschelrute.* W. Grimm schreibt: «*Wahrscheinlich verderben sie ihn durch zu große Bewunderung, gewiß aber richtet er durch seine Beiträge die Zeitung [eben die Wünschelrute] früher zu Grund, als es sonst auf dem natürlichen Wege geschehen wäre.*» Da die Zeitschrift äußerst kurzlebig war, etwa ein halbes Jahr fristete sie ihr Dasein, kann Grimm recht gehabt haben mit dieser Prophezeihung.

Straube war der Freund des jungen Heinrich Heine, der auch noch nach der gemeinsamen Göttinger Zeit einige Jahre mit ihm in Briefwechsel stand. Heine widmete Straube ein Sonett und sandte ihm die *Tragödie nebst lyrischem Intermezzo* mit einem Gedicht, in dem er, wie er an Christiani schreibt, den Straubischen Ton kopierte. Elster, der über den Briefwechsel von Straube und Heine berichtet (in der *Deutschen Rundschau* von 1906), bemerkt: «*Die Nachahmung des Straubischen Tons müssen wir auf sich beruhen lassen, bis uns der Zufall Gedichte des ... Mannes in die Hände spielt.*» Ein solcher Zufall ließ mich in einem Stammbuch einer Freiin von Haxthausen, das in meinem Besitze ist, ein Gedicht von Straube finden, das ich folgen lasse:

Hell legt der Tau die Perlen nieder
Im frischen Meer der Blumen Flut,
Er spritzet blitzendes Gefieder
Zum Vogel aus für Liebesglut.

Und alles wachst und glühet wieder
Im frischen lieben Frühlingsmut,
Aus allen Blättern fliegen Lieder
Und singen wach das junge Blut.

Und über Wellen, über Kräuter
Schwebt bis zu Sternen überm Baum
Hoch über Wolken und noch weiter
Der Schiffer, schwebt und webt im Traum!

Und aus dem Traum ist aufgewachet
Der Frühling in der frischen Brust
Und hat die Liebe angefachet
Und wieget sie in treuer Lust.

Drum schnell zu Schiffe frohes Leben
Die lichten Sternlein in der Brust
Den Frühling will die Liebe weben
Er stillet dir das Herz voll Lust.

Das Gedicht zeugt nun wirklich nicht für eine große dichterische Begabung Straubes. Es ist in dem verworrenen, unklaren Ton gehalten, wie in diesem Abschnitt der Romantik eben allgemein gedichtet wurde. Viel Stimmung und Gefühl, ohne Sprachkraft, ohne Bildkraft und Formung.

Aber alle Zeugnisse, die in Briefen von Zeitgenossen Straubes noch da und dort zu finden sind, sind einstimmig darin, Straube als *«ehrenvolle geschlossene Persönlichkeit»* (Elster: a. a. O.) erscheinen zu lassen. Er starb am 31. Dezember 1847 als Oberappellationsrat in Kassel.

Wie sehr Annette durch das Zerwürfnis gelitten hat, ersehen wir am besten, außer aus dem leidenschaftlichen Brief an ihre Tante, den ich oben auszugsweise anführte, aus dem gänzlichen Aussetzen ihrer dichterischen Tätigkeit in den folgenden Jahren. Vor dieser Zeit hatte Annette einige Jugendgedichte, den dramatischen Versuch *Bertha*, das epische Gedicht *Walther* verfaßt und die größere Hälfte des *Geistlichen Jahres* gedichtet und sprach in ihren Briefen (hauptsächlich an Sprickmann) von vielen auszuführenden Plänen. Aber sie blieben unausgeführt, und in ihren Briefen klagt sie immer wieder über tief greifende Unruhe, und man darf wohl ruhig als Ausdruck ihrer Stimmung den Vers im *Walther* bezeichnen:

Doch dieses matte, welkende Gesicht,
Voll Zügen tiefen Schmerzens, ach, es spricht,
Daß es noch einem teuern Bilde fröhne.

Wie mir scheint, wirft auch das Gedicht *Auch ein Beruf* ein helles Licht auf Annettes Lage; sie, die sonst so Verschwiegene, spricht hier mit klaren Worten; man darf nur an die Stelle von «*sie*» «*er*» setzen, statt «*Freundin*» «*Freund*», und ich glaube nicht einmal, daß das ein gar so unberechtigter Eingriff ist, denn an einer Stelle des Gedichtes steht noch, fast als wär es bei der Feilung und Umänderung in's Weibliche übersehen worden: «*Wer darf uns stören, darf uns halten, und wehren uns den eigenen Herd.*» Ein schiefes Bild, wenn's die Freundin zur Freundin sagt.

Aber das Aussetzen jeder dichterischen Tätigkeit (selbst Briefe sind aus den Jahren fast keine vorhanden) dürfen wir doch nicht allein auf den Kummer um Straube schieben. Ihre ganze Erziehung und Umgebung wirkten in jeder Weise hemmend auf die Entwicklung und Ausübung ihrer dichterischen Fähigkeit. Wie sie in dem eben erwähnten Gedicht sagt: *«Meint jeder nur, wir seien grad für sein Bedürfnis nur erfunden, in Not das hilfsbereite Rad.»*

Annette Droste muß eine überreiche Naturkraft in sich gehabt haben, um das Wenige, was wir leider nur von ihr besitzen, überhaupt hervorbringen zu können. In der ersten Ausgabe der gesammelten Werke nach ihrem Tode, von Kreiten mit Biographie und Einleitung versehen, schreibt der Herausgeber: *«... Die Dichterin hatte einen besonders harten Stand gegenüber der wohlberechtigten [!] Empfindlichkeit der Familie. Wenn die Verwandten, an erster Stelle die Mutter, überhaupt einem literarischen Auftreten Annettens nicht sehr gewogen waren, so läßt sich annehmen, mit wieviel mehr Besorgnis sie darüber wachten, daß nichts veröffentlicht werde, dem Fernstehende eine falsche Deutung, unrichtige persönliche Motive oder Charakterschwächen der Verfasserin unterschieben könnten ... Die gesellschaftliche Stellung und ihr Geschlecht ... mußten wirklich die künstlerischen, besonders die poetischen Neigungen derselben ... sehr bedenklich erscheinen lassen, sobald sie die Grenzen einer bloßen Liebhaberei überschritten und als eine Art Lebenszweck hervortraten. Der Kampf war daher nicht so leicht, ihr gläubiges Herz und ihre wahre Demut und Unterwürfigkeit fand die rechte Mittelstraße.»*

Was Kreiten hier die wohlberechtigte Empfindlichkeit der Familie nennt, könnte man leicht mit einem härtern Ausdruck bezeichnen. Annette hat jede Zeile ihrer Mutter vorgelegt und gehorsam jedes Wort gestrichen, das bei der strengfrommen Frau Anstoß erregte. In einem Gedicht aus dem *Geistlichen Jahr* hatte sie den Vers:

Und ich soll, o liebster Jesu mein,
Die Gesunkene, treulos aller Pflicht,
Dennoch deines Namens Erbin sein.

Das Wort «*Gesunkene*», von einer Freiin Droste auf sich angewendet, das durfte nicht sein, das mußte in «*ich, die Arme*» umgeändert werden. Aber das ist nur ein kleinstes Beispiel der unaufhörlichen Bevormundung, unter der Annette ihr ganzes Leben lang stand. Aus ihren Briefen lassen sich deren unzählige anführen, und aus den Briefen der Angehörigen ersieht man deutlich, daß man von dem überragenden Talent Annettens keine Ahnung hatte. Sie dichteten alle mehr oder weniger, die Haxthausens und die

Zuidwicks und die Drostes; in dem Stammbuch, das ich vorhin erwähnte, sind sie alle vertreten; wie kam das «*gute Nettchen*» dazu, für ihre Dichtungen Achtung, Freiheit, auch nur die Zeit zu verlangen, ihrem Denken sich hingeben zu dürfen. Vielleicht ist eine Stelle in der Bertha ganz bezeichnend für die Ansicht ihrer Angehörigen. Cordelia, für die deutlich ihre Schwester Jenny Modell gestanden hat, sagt:

Du willst dem treuen Schwesterherzen nicht
Vertrauen, was die Seele schwer dir drückt –
Das kommt von deinem allzuvielen Denken
Und langem Wachen und allein sein – –
Zu männlich ist dein Geist, strebt viel zu hoch
Hinauf, wo dir kein Weiberauge folgt.

Wenn Weiber wollen sich mit Männern messen
So sind sie Zwitter und nicht Weiber mehr ...!
O glaube diesesmal nur meinen Worten
Das gute Weib ist weiblich allerorten ...
Laß deine Hand die feine Nadel führen,
Und unter ihr erblüh ein schönes Bild.

Und Bertha – Annette antwortet:

Sind deine seidnen Fäden stark genug
Aus finst'rem Bergschacht den versunk'nen Schatz
Hinauf ans helle Tageslicht zu ziehn?
O Cordchen, was dem Einen wohltut, senkt
Den Andern tiefer in die Schwermut nur.
Bei deinem farbigen Gewebe kann
Ich keine Ruhe finden, ganz allein
In meinem stillen Träumen liegt mein Glück.
Auch ich hab meine schönen zarten Bilder,
Doch trag ich in dem vollen Herzen sie
Und nicht auf Schirme und buntfarb'ge Kleider;
Bei meiner Harfe leisen, süßen Tönen
Ziehn sie in langer, bunter Reih vorüber,
Und laben mir das Aug des innern Sinns.

Und Cordelia – Jenny antwortet:

«O deine Harfe, o die mordet dich», und empfiehlt ihr noch einmal das Sticken. Man sieht deutlich, die Schwester stellt ihre zierliche Nadelarbeit ganz gleichwertig Annettens Dichtungen gegenüber und hält es eigentlich für richtiger, für weiblicher, die Zeit mit Stickereien zuzubringen als mit – Träumen. Dabei war doch Jenny nicht die erste, die beste, sie war

die Freundin von Wilhelm Grimm, stand in lebhaftem Briefwechsel mit ihm und Jacob und hat für die Märchen manchen Beitrag gesammelt.

Viel später, bei der Herausgabe von Annettens Nachlaß, schreibt die Schwester mit derselben *«wohlberechtigten Empfindlichkeit»*, die Kreiten betont: *«Ich habe gegen den ... Abdruck an und für sich nichts [es handelt sich um die Schilderungen aus Westfalen], nur müssen [!] zwei Stellen gestrichen werden, worin Ausdrücke sind, die es mir unangenehm machen würden, meinen Kindern das Buch in die Hand zu geben ...»* Und dann: *«ich habe eben die Kriminalgeschichte wieder nachgelesen und mir scheint immer mehr, daß sie nicht passend ist und man sie weglassen soll.»* Auch da noch, der anerkannten Dichterin gegenüber, die Bevormundung, die mangelnde Achtung vor ihrem Werk.

So zieht sichs durchs ganze Leben der Dichterin; in einem Brief aus Eppishausen an Schlüter schreibt sie rückblickend: *«In Rüschhaus habe ich Tag für Tag die Besuche empfangen, Berichte der Dienstboten angehört ... und mich meiner Mutter sehr wiederholten Anrufen persönlich gestellt. In der Tat, ich war dessen so gewohnt, daß ich nicht muckste, in der Hälfte eines Verses abzubrechen, was mich manchen guten Gedanken oder manchen eben gefundenen Reim gekostet hat.»* Und in eben demselben Brief berichtet sie weiter:

«Daß Sie mir fehlen würden ..., wußte ich voraus, aber ich rechnete doch auf irgend ein Wesen, dessen Beschäftigungen und Ansichten und Geschmack dem meinigen einigermaßen entsprächen, aber ...»

Ihr Schwager Laßberg, bei dem sie damals wohnte, schreibt an den Germanisten Pfeiffer in seiner eigentümlichen Orthographie: *«Nettes Gedichte gefallen Inen also seh wol! mir gefallen sie nicht! Originalität, Erfindung und dichterischen Schwung kann man inen zwar nicht absprechen, aber sie ermangeln der klassischen Reinheit der Sprache gar zu ser! Und welches Heer dem nicht Westfalen ganz unverständlicher Provinzialismen! – ohne ganz reine, höchst gebildete Sprache kann ich keinen Dichter anerkennen.»* Und so mußte *«Nettchen»* bei jedem Werk, das sich ihr bilden wollte, erst rechts und links anfragen, ob auch niemand Anstoß nehme an ihrem Flug. Und ganz scheint sie's doch nicht zur Zufriedenheit getroffen zu haben, denn ihre Schwester, die Frau Laßbergs, auf deren Schloß Meersburg die Droste am 24. Mai 1848 starb, schreibt gleich nach Annettens Tod: *«... Ihr Charakter hat sich in der letzten Zeit fast gänzlich geändert, indem sie alle ihre sonstigen Fehler und Schwächen ablegte und nur mehr für Andere lebte!»*

Das erinnert doch ein klein wenig an die grausame Anekdote von dem Mann, der seinem Pferd das Fressen abgewöhnen wollte: beinah hat's das Tier schon gelernt, da ist's mir gestorben. Beinah hat's die arme Dichterin gelernt, nur mehr für Andere zu leben, gar nicht mehr an ihre eigenen Werke zu glauben und zu denken, da ist sie gestorben. Und sie hat doch früher so selbstbewußt, wie nur das Genie sein darf, gedichtet:

Was meinem Kreise mich enttrieb,
Der Kammer friedlichem Gelasse,
Das fragt ihr mich, als sei, ein Dieb,
Ich eingebrochen am Parnasse.
So hört denn, hört, weil ihr gefragt:
Bei der Geburt bin ich geladen
Mein Recht, so weit der Himmel tagt,
Und meine Macht von Gottes Gnaden.

DIE DROSTE
IN MEERSBURG

Meersburg ist ein sehr merkwürdiges Städtchen, es könnte sogar ein Idealstädtchen sein, um das Deutschland beneidet werden könnte, wenn der Geist, der dort ... oder sagen wir mal der Wein, der dort wächst, nur um ganz wenige Grad «süffiger» wäre. So ist ein bissel viel Säure und Radau da zu Hause, und das verdirbt die Traumstimmung, die geistige Atmosphäre, die der Dreiklang großartiger Weite von See und Alpenblick, trutziger Historie der alten Burg und behaglicher, bürgerlicher Winkelgassen und Stadttore uns sonst vermitteln würde.

An stillen Nebeltagen oder auch in mondscheinhellen Herbst- und Winternächten, da schüttelt Meersburg die moderne Radauzeit ab, und man sieht die Droste durch die mit Nebelfetzen behangenen Tore huschen. Das alte Mütterchen mit dem dickwattierten Rock und dem großen Dreiecktuch, so wie's die bekannten ältesten Leute, die aber jetzt auch schon alle gestorben sind, noch gesehen haben in ihrer Jugend und uns schilderten, als wir damals nach Meersburg zogen und Umfrage hielten nach lebendigen Erinnerungen an die toten Berühmtheiten, nach Droste, Laßberg und dem genialen Mesmer.

Meersburg schätzt aber seine großen Toten, wenigstens soweit sie zur Vermehrung des Fremdenverkehrs beitragen. Droste und Laßberg, die in der nördlichen Ecke des Friedhofs ihren letzten Schlaf schlafen, haben ihre feststehende Zugkraft. Laßberg zwar so nebenher, mit und wegen der Droste, der berühmte Schwager der berühmteren Droste, aber immerhin, man weiß doch: Germanist, Grimm- und Uhland-Freund, Nibelungenhandschrift und überhaupt ...

Mesmer, da weiß man schon bedeutend weniger, Magnetismus, Wunderkuren, so etwas wie ein Scharlatan, aber es war einmal viel Aufhebens um ihn, damals, als er in der großen Welt lebte, in Wien und Paris. Ja, und dann hat er den eigenartigen Grabstein! Jeder, der den Friedhof besucht, stutzt über den dreikantigen Block, der da, fast in der Mitte, neben dem großragenden Kreuz, den Blick anzieht. Wer liegt da? Was bedeutet die Glasschale, violett opalisierend, und die merkwürdigen Zeichen auf den Kanten? Also, immerhin eine Sehenswürdigkeit, wert, am Eingange zum Friedhof auf der Blechtafel erwähnt zu werden, die den Fremden sagt, was sie hier zu suchen haben. Auf derselben Blechtafel steht immer wieder mit Bleistift in ungelenken oder zierlichen Handschriften die Frage: Wo liegt Fritz Mauthner? Aber diese Fragen werden sorgfältig immer wieder wegradiert, denn noch ist Mauthner nicht zugkräftig genug, um auf der Blechtafel des Ruhmes erwähnt zu werden. Und außerdem hat er, wie ein Stadtrat auf Anfrage eines Besuchers sagte, auch kein sehenswertes Denkmal (er hat nämlich auf seinen Wunsch nur eine Holztafel mit seinem Namen), warum sollen die Leute denn da zu seinem Grabe wollen.

Da Geister undiszipliniert sind, zum steten Ärger aller Nichtgeister, und sich gar nicht um Einschachtelungen in bestimmte Wertkategorien zu kümmern pflegen, gibt es glaubwürdige Zeugen, die behaupten, vom Obertor her, zwischen Bären und Löwen und unter dem Rathaustor durch nach dem Schänzeli zu, die Droste Arm in Arm mit Mesmer und Mauthner gesehen zu haben, und wer ihnen still nachschlich, der konnte sie da an der vorspringenden Mauer stehen sehen, still zum Säntis hinübergrüßend. Lebhaft ist der Meinungsaustausch, nur verstehen konnte der Lauscher nichts, wortlos schienen sie sich zu verständigen.

Meersburger waren's nicht, die das sahen, und sie würden es kaum glauben wollen. Aber die Droste, wie gesagt, ist der Stolz des Meersburger Friedhofs und auch der Stadt. Im Alten Schloß wird ihr Sterbezimmer gezeigt und Postkarten und Tassen mit ihrem Bildnis verkauft, und in ihrem kleinen Besitz, dem Fürstenhäusle, ist seit einigen Jahren ein richtiges Droste-Museum entstanden mit viel liebevoll gesammelten Andenken aus ihrem Besitz. Muschelchen und Steinchen, die sie gesammelt, Silhouetten, die sie geschnitten, eine Locke ihres blonden Haares, aber auch Manuskripte und Bücher und die von ihr komponierten Lieder kann man da einsehen.

Man freute sich in Meersburg, als die neubegründete Droste-Gesellschaft aus Münster sich entschloß, am Bodensee zu tagen.

Es leben um den See herum eine ganze Menge Menschen, die noch Zeit haben, über die Literaturgeschichte hinaus ein persönliches Verhältnis zur Droste zu pflegen. Und wenn in den stillen Wintertagen der Säntis endlich einmal seinen Nebelmantel abwirft, dann rufen viele mit den Droste-Worten zu dem alten Wächter hinüber: «O Säntis, gib den Tauwind frei.»

Sie ist uns lieb, die Droste. Und wir wollten gern mitfeiern helfen bei der Droste-Tagung.

Aber es wächst dieses Jahr ein schlechter Wein in Meersburg. Viel Trauben, aber recht sauer ist das Gewächs.

Es steht in jeder Literaturgeschichte: die Droste ist eine katholische Dichterin. Gut und schön, und die Tatsache wirft sogar einen verklärenden Schein auf die katholische Kirche. Aber wußte man auch vor dieser Tagung, daß die Droste die große Dichterin ist, weil sie katholisch war? Und weil sie so fromm und so brav und ohne «entwürdigende Leidenschaften» ihr stilles Leben lebte?

Wir haben immer, wenn wir ihre Briefe, ihre merkwürdig leidenschaftlich-lebendigen Briefe lasen, leise gedacht: wie groß muß ihre innere Kraft gewesen sein, daß sie trotz alledem so machtvoll gestalten konnte.

Es ist uns ja nicht so sehr wichtig, ob die Droste den Literaten Schücking mütterlich oder schwesterlich oder bräutlich geliebt hat. Die Gedichte, die sie ihm zuschrieb, und die Briefe sind aber schön, und der sauerste Meersburger Wein kann ihnen die Süße nicht rauben.

In meinem Besitz ist, aus dem Nachlaß der Droste, eine Bleistiftzeichnung, die Heinrich Straube darstellt, mit Jagdtasche, Gewehr und langer Pfeife, nicht unmöglich, daß es eine Zeichnung von L. Grimm ist. Ein wenig wie eine Karikatur sieht der H. Straube schon aus, man wird an die Worte von Wilhelm Grimm erinnert: *«ein kleiner, grundhäßlicher Kerl, der beständig lacht, dem aber jedermann gut ist. ... manchmal denkt man, er habe sein Gesicht samt der straubigen Perücke nur zum Spaß vorgenommen und könne es ablegen, samt mancherlei andern Sitten, die gerade nicht angenehm in die Augen fallen, durch welche aber immer eine bestimmte Ehrlichkeit leuchtet. Ich muß lachen, wenn ich ihn sehe ...»*

Man staunt, wenn man den Brief der Droste liest, wo sie von ihrer Liebe zu Straube spricht: «*Ich denke Tag und Nacht an Straube. Ich hab' ihn so lieb, daß ich keinen Namen dafür hab' ... Er steht mir so mild und traurig vor Augen, ... es ist unmöglich, ein solches Verhältnis kann sich nicht ganz lösen ... Ich hab' nun schon drei Monate gelitten, wie ich früher keine Idee davon hatte, das wird auch wohl dauern, solang ich lebe. Um Gotteswillen, schreib mir doch, was macht er?*»

Ich glaubte den Mitgliedern des Droste-Vereins eine Freude zu machen, wenn ich das Bildchen, das wohl das einzig erhaltene Bild von Straube ist, vorzeigte. Ich habe mich getäuscht. Ein Mitglied aber fand das erlösende Wort: «*Das war wieder so ganz die echte Droste, wie sie diese Karikatur von Menschen auswählte, aus Barmherzigkeit.*»

Und dabei tranken wir doch guten Meersburger Domänenwein, aus einem Sonnenjahr, an dem Abend bei der Festfeier zu Ehren der Droste.

Wie viel schöner ist's doch, wenn man nicht auf den Blechtafeln des Ruhmes steht. Dann darf man auch mal von ganzem Herzen lieben, ohne daß die Verwalter und Nutznießer des Ruhmes Anstoß nehmen und obendrein noch soviel Arbeit haben, wegzuradieren, was ihnen nicht in's Bild paßt.

Aber Meersburg ist doch ein lieber Ort, und ich möchte jedem Deutschen gönnen, einmal den Weg zu machen vom Hafen auf der steilen Burgtreppe aufwärts an der uralten Mühle vorbei ins Alte Schloß, und von da aus hinauszusehen, hinweg über die steilen winkligen Hausgiebel, auf die meerweite Fläche des Bodensees, hinüber zu den schneefunkelnden Alpen, von der Schesaplana bis zu den Bernerbergen. Vom Alten Schloß zum Neuen, mit seiner prunkvoll-heiteren Treppe sind's nur ein paar Schritte, aber dann soll man in den winkligen Höfen und Gassen des alten Städtchens sich verirren, bis das «Tempo der Zeit» uns verlorengegangen ist, zusammt den letzten 90 Jährlein. Dann folgen wir der zierlichen Gestalt, die da vor uns einen Rebhügel hinaufhuscht, und stehen vor dem Fürstenhäusle, dem Besitz der Droste, den sie eigentlich eben auch nur im Traum besaß, wie alles, was ihres Lebens Inhalt und karge Freude war. Wohnen durfte sie ja nie da oben, das hätte sich für das Freifräulein von Droste kaum geschickt, nur hie und da ein Traumstündchen war ihr vergönnt, da oben in dem Puppenhäuschen, mit dem überwältigenden Blick in die schönste Welt.

Wollen wir ihr Grab besuchen? Es liegt nicht weit

von ihrem Rebhäuschen. Aber lebendiger ist sie bei uns, wenn wir dem Westen zu gehen, durch ein stilles Wiesental und einen kleinen Wald, ein wenig bergauf, dann kommen wir zur «Schenke am See», dem Glaserhäusle, wo sie mit Levin Schücking so gerne saß.

Ist's nicht ein heitrer Ort, mein junger Freund,
Das kleine Haus, das schier vom Hange gleitet ...
Schon fühl' ich an des Herbstes reichem Tisch,
Den kargen Winter nah'n auf leisen Socken ...
Und ich, ich will an deiner lieben Seite,
Froh schlürfen meiner Neige letztes Gut.

Es war ihr letztes Gut und der karge Winter kam bald.

Aber sie hat gelebt in Meersburg, eine fruchtbare, frohe Zeit, und etwas von ihrem übermächtigen Herzen, das so wenig Echo fand, als es noch schlug, spüren wir Meersburger, wir, die wir gern unter den alten Bäumen gehen, die den Rhythmus ihres Schrittes noch behalten haben, im verträumten Glaserhäusle-Garten. Unsere Droste in unserem Meersburg.

Wenn wir auch manchmal etwas sauren Wein dazu eingeschenkt erhalten.

Vom mystischen Weg und Irrweg

Der heutige Mensch ist in Not, in tiefster geistiger Not. Gleichviel, ob es die Not ist aus der Zeit geboren, die uns in Drängnisse geworfen, stärker, als sie der Einzelne tragen kann, oder ob es die Not ist, geboren aus dem aufsteigenden Wissen, daß wir am Ende der Erkenntnismöglichkeit gestrandet sind, daß uns für die Betäubung oder Beruhigung, die wir im Ringen um die Weisheit der Welt gefunden und gesucht haben, ein Ersatz nottut, den wir nun mit fiebernden Händen und Sinnen suchen, gleichviel, die Not ist da, und das Suchen ist weiter gebreitet als je. So scheint's uns wenigstens, wenn wir den Menschen zuhören und zusehen, wie sie laut oder leise klagend auf tausend Wegen das Ziel suchen, das ihnen Beruhigung geben soll.

Viele glauben die Ruhe wiederzufinden im Kinderland der heutigen Menschen, in der Kirche, qui laetificabat juventutem ejorum, viele suchen sie in der Weisheit des Ostens oder in den dunklen, bedeutungsträchtigen Worten unserer Mystiker, und die Vielen, Allzuvielen, denen eigenes Suchen eigenen Weges zu schwer ist, laufen dem zu, der auf dem Markt steht und am lautesten ruft, daß er das Heil in seinen Worten der Menschheit bringe.

Da liegt, gefährlicher als alle Not des Suchens, die drohendeste Gefahr für unser Volk, wenn der Suchende sich beruhigt bei Worten, die ein anderer ihm bringt.

Nie kann die Erlösung vom Markte ausgehen. Nie kann die Erlösung durch Worte uns von außen gebracht werden. Sie ist ureigenstes Erlebnis, ist Wunder, Gnade, wie immer man's mit alten Worten bezeichnen mag, ist jenseits aller Sprache.

Nur wenn wir in der Stille leben, hören wir das Rauschen des Meeres, das mit seinen Ewigkeitswellen an den Strand der Welt des Scheins anschlägt. Wenn wir in uns hineinhorchen, hören wir die Harmonie der Ewigkeit, in der wir mitschwingen, und der Mensch erkennt den Ton, der nur ihm zu eigen, er «weiß» um seine Einheit, und er weiß um den «Weg», der ihn hinführt zur ewigen Sinfonie des Seins.

Zwischen dem Meer des ewigen Seins, dem Wirken der ewig aufbrausenden, ewig zeugenden, schaffenden Sehnsucht und der Welt des Scheins liegt für den Mystiker ein Schleier, feiner als der feinste Schleier eines Sonnennebels, liegt für den

Menschen des Marktes eine Mauer, die tausend Hände in tausend Jahren nicht niederrreißen könnten. Die starken Ekstatiker, die wirklich hinausgetreten sind aus der Erscheinungswelt, aus der Vielheit in die Einheit, haben in den Worten ihrer Bekenntnisse, mit denen sie ihr Erlebnis doch verschüttet und begraben haben, uns dennoch einen Klang aus der Wesenswelt gerettet, den wir hören, wenn wir in der Stille uns halten.

Das Hinaustreten aus der Welt des Scheins führte einst zu «Gott», dem Endziel alles Strebens. Wir haben erkannt, daß dieser Gott nur eine Grenze ist, ein Name, den wir dem Du gegeben, das nicht Ich ist. In der Exaltation sahen die Mystiker die leuchtende Flamme, die alle Vielheit, die vieltausend Fünkchen der Sehnsucht in sich eint, aber sie verloren den Schatten, den ihr Ich warf, nicht, und sie nannten den Schatten «Gott». Dann kam der Gewaltigsten einer und sprach in seinem Zorn der Seele: *«daz si daz blôze wesen wolte sin, alsô daz weder got noch crêature enwêre.»* Nicht Gott, nicht Kreatur (nicht Ich, nicht Du), nur das reine Wesen rein. Soweit's mit unserer Sprache gesagt werden kann, soweit ist hier das Erlebnis des Ekstatikers mitgeteilt. Ein Nu des Nichtmehr«wollens», und er ist «entzückt», in der Ekstase, ohne Ich, ohne Gott, ohne Sprache, in der Lösung der Weltspannung.

Wir haben den Irrtum unserer Sprache eingesehen, der uns das Gott nennen ließ, was jenseits unseres Ich lag; aber wieder sind wir in Gefahr, uns in eine neue Falle der Sprache treiben zu lassen. Martin Buber schreibt im 5. Gespräch seines Daniel: *«denke dem Meer einen Geist, der die Einheit von Ebbe und Flut in sich faßte, der könnte Ich sagen»*, und dann prägt er den Satz: *«Weltspannung leben, ist die hohe Probe unseres Seins.»* O ewige Täuschung der Sprache! Ist denn dem Ekstatiker die Einheit von Ebbe und Flut, von Leben und Tod mehr als ein Alltagswissen? Auch das Ich der Einheit von Spannung und Entspannung ist dem Mystiker eine Täuschung, ist ihm Menschenwissen, ist noch Sprache. Ebbe ist jeden Augenblick auch Flut, wie Leben jeden Augenblick auch Tod ist. In unserer Sprache nennen wir nur Ebbe die Senkung, Flut die Erhebung der einen großen Welle, die Spannung bringt nur der Mensch hinein mit seinem Scheinwissen von Zeit und Raum, mit seiner Sprache, wie nur am Strand die große Bewegung von Ebbe und Flut zu unseren Sinnen spricht. Ich möchte den Buberschen Satz *«Weltspannung leben, ist die hohe Probe unseres Seins»* ohne Pathos umformen in *«Weltspannung auflösen in uns, ist der erste Schritt zum wahren Sein.»*

Unsere Sinne sind nur genügend für die Welt des Scheins, nur gebaut, um uns zurechtzufinden in dieser Welt, aber sie geben uns keine Auskunft über das wahre Sein. Wir sehen, hören, tasten, riechen und schmecken nur die Dinge dieser Welt und können nichts wahrnehmen von den Dingen des ewigen Seins mit diesen Werkzeugen der Vergänglichkeit. Aber in der Wirklichkeit gehen andere Dinge mit uns vor, von deren Sinn die Ekstase uns eine Anschauung gibt. Wir sind mit unseren «inneren Sinnen» gebunden an das urewige Geschehen, und die ewig zeugenden Kräfte der Sehnsucht wirken in uns durch diese Sinne, mit diesen Sinnen. Unsere fünf Sinne sind Werkzeuge, geschaffen von den Kräften, die den «Weg wollen». Wir gehen diesen Weg, diese Sinne helfen uns, diesen Weg zu gehen, aber der «Weg» ist das Wesentliche, die Sinne sind nur Wegweiser, Führer oder Krücken, die wir weglegen können, wenn wir in der Ekstase unsere inneren Sinne erkennen, die Sinne der Sehnsucht. Dann wissen wir, daß wir «reifen», d. h. daß die Zeit in uns wirkt, daß der Strom der Zeit uns in seiner Gewalt hat, daß wir ein Werk sind, das Arbeit tut, getrieben und befruchtet durch die Kraft des Stromes; wir wissen, daß wir «spannen und entspannen» im Wechselstrom ewiger Zeugung, in der Polarität. Der Ekstatiker weiß um die lebenzeugende Sehnsucht, die alle Erscheinungsformen hervorbringt, in der Richtung, die in unserer Sprache nie genauer zu bestimmen ist als etwa mit dem Wort: Weg.

Dieses Wissen um den Weg rettet den Ekstatiker auch vor dem Widerspruch, der nach Bubers Meinung zur Tragik wird: *«zwischen der Ekstase, die nicht in das Gedächtnis eingeht und dem Verlangen, sie für das Gedächtnis zu retten im Bild, in der Rede, in der Konfession.»* Wie träfe das den Ekstatiker! Der Ekstatiker weiß, daß sein Ich so nah und so fern ihm ist wie der letzte Stern und wie das Staubkorn auf seiner Hand, er muß sich zwingen zu der Weisheit dieser Welt, die eine Wand aufrichtet zwischen ihm und dem blühenden Apfelbaum da draußen, er baut selbst in bewußtem Wollen die Wand seines Ich, als Träger der Schöpferkraft Sehnsucht, er baut an dem Trug der Sprache weiter; mit der Heiterkeit des spielenden Kindes nennt er fröhlich das eine Ding Ich, das andere Du, und wie das Kind nimmt er sein Spiel ernst und will nicht «geweckt» werden. Er lächelt, wenn ein «Großer» kommt und ernsthaft spricht: «Was du da hältst, ist doch gar keine Königskrone, es ist ein elendes Stück Goldpapier.» «Wozu das», könnte er antworten, «ich weiß es, aber ich will spielen, weil ich Kind bin.» Ein Ekstatiker, der die Unzulänglichkeit eines Stückchens Goldpapier tragisch nimmt. Wär's nicht ein Lachen der Götter? Und ein Ekstatiker, der den «Inhalt» der Ekstase retten will für das Gedächtnis. Weiß der Ekstatiker nicht, daß das Gedächtnis den Schleier der Maja webt, weiß er nicht, daß das Gedächtnis es ist, das das Getriebe dieser Welt zusammenhält, das Gedächtnis das Spiel der Spiele ist, mit dem wir die Formen der Erscheinungswelt um uns aufgebaut haben und immer weiter aufbauen, um uns zurechtzufinden in dieser Welt. Wüßte er das nicht, wie wüßte er um Ekstase! Wie könnte er aus dieser Einheit etwas herüberpflanzen wollen in die Welt der Einheit, in den Schein! Weiß er nicht, daß der Intellekt der Irrweg ist, der in der Täuschung festhält? Wie könnte er vom «Weg», den er erschaut hat, zur Täuschung zurückkehren wollen, anders als zum lächelnden Spiel. Wer geschaut hat, wie könnte er den Willen haben, «Botschaft» zu tragen zu den anderen? Weiß er nicht, daß die «Botschaft» da ist, daß sie mit unserer Sprache und unserer Welt nichts zu tun hat, daß «Botschaft bringen wollen» nichts anderes heißt als in der Täuschung und im Getriebe dieser Welt befangen bleiben. Hat der Ekstatiker nicht – im gröbsten Bilde gesprochen – die Welt von außen übersehen, und kennt er nicht den «Weg» und das «Ziel», und hat er nicht den «Willen» jeder kleinsten Einzelformen gesehen, zur Einheit hin sich zu vollenden, diesen immanenten Willen? Wie könnte er die Botschaft, die da ist, bringen wollen? Das

Erlebnis der Ekstase ist außerhalb der Sprache, ist in der Einheit, wie sollte die Einheit der Einheit mitteilen wollen, daß Einheit ist! Wie könnte der Ekstatiker, der die ewige Harmonie gewesen ist in der Ekstase, wenn er zurückgekehrt ist zur Bewußtheit des Einzeltons, wie könnte er die Schwingungen der Allharmonie weitergeben, er kann doch nur den Schwingungen seines Einzeltons Resonanz erwekken. «Mitteilen» läßt sich nur das «Wissen um den Weg». Wie wir in stillen Nächten das Atmen der Natur hören, so unfühlbar leise mögen dem Mystiker in seltenen Glücksstunden die Schritte eines Freundes auf dem Wege neben sich hörbar werden. Da beginnt die Qual des Mystikers, wenn er den Freund mit aufnehmen will in sein Gefühl der All-Einheit, wenn er um des Freundes willen vergißt, daß das Leben Traum und Spiel ist, wenn er um des Freundes willen vergißt, daß er einsam schreiten muß auf seinem Gang von der Ewigkeit her zur Ewigkeit hin. Das flüchtige Vorüberstreichen einer Ahnung, flüchtiger und unfaßbarer als das Aufleuchten eines Tropfens, aus dem phosphoreszierenden Meere mit der hohlen Hand geschöpft, das ist die einzige Stärkung, die er gewinnen kann in seinem Leben. Die Zweiheit bleibt bestehen, diese Erscheinungsform ist Vielheit, die nie zur Einheit werden kann, der Mystiker weiß es, und die Qual dieses Wissens verlangt Riesenkräfte, wenn die Liebe hinausdrängt aus dieser Form, hinüberdrängt zum andern, wenn er den Genossen dieser Scheinwelt zum Genossen seiner Wirklichkeitswelt machen will, Riesenkräfte der Entsagung, sonst kann er seinen Weg durch diese Welt hindurch nicht weitergehen, er zerbricht an der Welt und erstickt den Funken der ewigen Sehnsucht in sich und wählt das Leben des Scheins, um der Qual zu entgehen. Nur wer die große Stille in sich hält, die große Stille der Einsamkeit und die Härte der Einsamkeit, nur der entgeht der größten Qual des Ekstatikers, der Versuchung, die Ekstase hinzugeben für das betörende Glück der Scheinwelt.

Lange ehe ich von diesen Dingen aus eigener, bewußter Erfahrung viel wußte, lag ich einmal krank an Leib und Seele während der Regenzeit in einem arabischen Frauenkloster. Die Vorsteherin, die meine Freundin geworden war, stammte aus einem Geschlecht, das seit Generationen zu den Sufis zählte. Sie versuchte, mich zu sich hinüberzuretten, um mir Gesundheit zu geben. Und da sprachen wir einmal etwa wie folgt: Ich: Wie kann ich meine Arbeit leisten mit den Schmerzen, wenn wenigstens Sonne wäre, aber bei dem Regen wird's schlimmer und schlimmer. Redjma: So leg dich doch in die Sonne. Ich:

Dazu reicht meine Phantasie doch nicht, bei diesen Wolkenbrüchen mich in die Sonne zu legen. R.: Du weißt doch, daß die Sonne da ist, nur Wolken verdecken sie dir, so vergiß doch die Wolken. Ich: Die dicken Wolkenballen so einfach vergessen, dazu ist mein Gedächtnis zu gut. R.: Laß dein Gedächtnis doch fallen, warum hältst du fest, was du nicht brauchen kannst? Zum Spiel des Lebens ist das Gedächtnis gut, steht aber dein Sein in Frage, dann laß doch die Täuschung fallen und tauch' unter in das All, wo immer das ist, was du brauchst zu deinem Sein. Gib den Widerstand auf, und der Schmerz hat keine Angriffsfläche mehr. Ich: Du hast wohl nie Zahnweh zum Beispiel gehabt? R.: In dieser Erscheinungsform habe ich viele Schmerzen gehabt und habe sie mitgenommen, wie ich den Duft der Jasminblüte mitnehme, nur wenn eine solche Täuschung mich an meinem Weg hindern will, dann zerreiße ich den Schleier und nehme den Schmerz und den Duft des Jasmin mit auf ins All-Eine, und da ist beides nicht mehr, weil das Ich, an dem Schmerz und Duft sich entladen könnten, nicht mehr ist. Ich: Sprichst du vom Tod? R.: Davon spreche ich nicht. Tod ist auch nur eine Täuschung unseres Ich. Ich spreche dir vom Aufgeben jeder Täuschung, von dem Weg der Wissenden durch diese Welt, von dem Weg, den auch du gehst, wenn du nur erst dein «Bewußt»sein und dein «Wollen» beiseite gelassen. Willst du hören, was ich dir im Bild nur sagen kann? Was ich sage, darfst du nicht hören, du mußt hören, was ich nicht sage. Sieh, es gibt dreierlei Menschen, so wird uns gelehrt. Die einen stehen in der Welt und glauben, daß diese Welt um ihretwillen da sei, daß die Sonne scheint, um ihnen Leben und Wärme zu spenden, daß Mensch, Tier und Pflanze zur Erhöhung ihrer Behaglichkeit, zu ihrem Nutzen da seien, das ist ihr Glaube und ihr Wissen, und sie sagen: Ich und das andere, und sie leben, als wären sie eingemauert zwischen Wände ohne Ende. Das sind die Sklaven der «Wirklichkeit», und sie verschwinden, wenn diese Wirklichkeit verschwunden sein wird. Da sind die andern, die wollen die Welt erforschen, mit Fragen und Wollen versuchen sie den Grund der Dinge dieser Welt zu erforschen, und wenn sie die Scheindinge dieser Welt beschrieben haben und benannt haben, so glauben sie den Grund allen Seins erkannt zu haben, und sie nennen sich Herren der Wirklichkeit und sie verschwinden mit den Dingen dieser Welt, und ihre Arbeit dient nur dieser Welt und baut nichts für die Ewigkeit. Sie haben ein Fünkchen der Sehnsucht, aber sie benennen die Sehnsucht und beschränken sie damit auf diese kurze Welt des Scheins.

Seit Jahrhunderten «wollen» die Menschen fliegen, und die Herren der Wirklichkeit haben das Flugzeug gebaut, ein Ding, das nur der Scheinwelt angehört. Die Sehnsucht ohne «Wollen», ohne «Ziel» und ohne Namen hat uns das Auge gebaut, die Sehnsucht, die spricht: Besser sehen, die baut nur Brillen und Mikroskope. Verstehst du nun den Weg der dritten Menschen? Der Menschen, die den Weg gehen ohne Frage nach warum und wieso und wohin, den Weg der Sehnsucht, die baut und schafft, ohne zu «wissen», weil sie die ewige Schöpferkraft selbst ist. Der Urquell alles Seins. Die Menschen lieben diese Welt des Scheins und nehmen ihre Schmerzen und ihre Freuden gleich willig auf sich, weil sie erschaut haben, daß der «Weg» durch diese Form hindurchgehen muß. Als Fackelträger der Ewigkeit gehen sie durch diese Zeit und hüllen sich in den Schleier des Scheins und werfen ihn erst ab, wenn sie vollendet haben. Wenn dein Kranksein den Funken der ewigen Sehnsucht ersticken will, dann wirf den Schleier des Scheins von dir und sei gesund, denn Kranksein und Gesundsein ist eins, die Spannung ist nur in deinem Schein-Ich. Das eine, was nottut, ist nur, daß deine Sehnsucht am Leben bleibe und nicht ersticke im Trug des Scheins. Und Redjma schloß mit Strophen eines Liedes, das seit Jahrhunderten in ihrem Kloster gesungen wird und das ich so ins Deutsche zu übertragen versucht habe:

Sehnsucht du, Schöpferin!
Hast uns Leben geboren
lang' vor aller Geburt,
mich auch, mich noch einmal
hebe ins Licht,
aus dunkelstem Mutterschoß
binde mich los.

Sehnsucht du, Schöpferin,
zeitlos Gefesselte,
dumpf im Scheine der Zeit.
Baue den Körper dir,
baue den Körper mir,
der neu dich gebären kann,
heute und hier zu jauchzendem Sein.

Die Araber in Algerien

Frauenleben

Im Innern des Landes bei den Wüstenarabern kommt noch Vielweiberei vor im Gegensatz zu den Städten, wo, abgesehen von allen andern Gründen, Geldmangel den Luxus mehrfacher Haushaltungen verbietet, denn jede Frau hat Anspruch auf eigne Wohnung und Bedienung. Bei den ärmern Beduinen nimmt der Mann gern zwei oder auch drei Frauen, weil sie ihm Arbeit leisten. Sie verweben die Wolle seiner Kamele und Schafe zu Teppichen und Mänteln und bringen ihm so, Dank sei Allah, der die Franken so kauflustig geschaffen hat, bares Geld ein. Aber soviel ich auch das Familienleben der Eingeborenen beobachtete, von all den in europäischen Erzählungen so spannend geschilderten Intrigen und Eifersuchtsszenen konnte ich kaum je etwas wahrnehmen. Auch das Mitleid mit den «eingeschlossenen» Frauen verlor ich bald, nachdem ich zu meinem Staunen immer wieder bei den arabischen Frauen auf Mitleid mit unserer Lage gestoßen war. Die Frau des Stammesfürsten der Beni Msili erklärte meiner französischen Freundin und mir bei unserm Besuch in ihrer Stadtwohnung in Chellalah zum erstenmal den auffallenden Mitleidston, über den wir uns schon oft bei unsern Besuchen gewundert hatten. Meine Freundin war eine der ganz seltenen Ausnahmen, die Teilnahme für das Leben der Eingeborenen besaß und sogar etwas ihre Sprache gelernt hatte. Allerdings war ihr Vater, ein Künstler, auch schon ein weißer Rabe, der seinen Landsleuten immer wieder vorhielt, wieviel sie versäumten, wenn sie die Welt des Orients so nichtachtend behandelten.

Wir waren schon daran gewöhnt, von den Frauen, so wie die Unterhaltung ein bißchen gemütlicher wurde, fast ganz ausgezogen zu werden; wir kannten die kindliche Freude über jedes Kleidungsstück, das so verschieden war von den kostbaren, farbenprächtigen und doch so einfachen Gewändern unserer Gastfreundinnen; auch Nakhla, die bildschöne Frau des mächtigen Stammesfürsten, freute sich wie ein Kind an Weihnachten, als wir ihr vorschlugen, mit den Kleidern zu tauschen; glücklich stolzierte sie in den ihr schlecht sitzenden Pariser Kleidern vor ihrem prachtvoll in Elfenbein gerahmten Spiegel auf und ab und klatschte alle ihre Dienerinnen herbei, sie zu bewundern. Fast am meisten machten ihr die Handschuhe Freude, und da tat sie den Ausspruch:

«Es ist nicht viel, was ihr zum Schutz gegen die Umwelt habt, nur das Stückchen Leder, aber doch ist's etwas.» Nun fragten wir die kleine Herrscherin natürlich, was sie mit den dunkeln Worten meine. Erstaunt sah sie uns an. War's möglich, daß wir so Selbstverständliches nicht verstanden? Zögernd bequemte sie sich zur Erklärung: «Ihr seid doch allem preisgegeben draußen im Leben; jeder Blick kann euch beschmutzen, jeder Ellbogen kann euch streifen, tausenderlei Begehren kann eure Seele zur Erde herunterziehen. So schwer wird euer Leben von all dem Fremden, was an euch haften bleibt, selbst ohne euer Wollen. Ihr müßt euer Gesicht jedem zeigen draußen auf dem Markt. Wer aber unser Gesicht kennt, kann unsere Seele kennen und kann uns in seine Träume zwingen und uns binden an seine Wünsche. Ist's nicht so, o arme Herrin?» Wir nickten gedankenverloren, und Nakhla streichelte uns wie zum Troste die Hände: «Oder habt ihr gelernt, eure Seele zu verstecken in eure Hände und hüllt ihr sie deshalb in dieses Leder?» Sie legte wie zum Vergleich ihre zierlichen weichen Kinderhände neben unsere auf ein Kissen und sah mit grübelnden Augen darauf nieder. Wir saßen schweigend und dachten ihren Worten nach und suchten wohl selbst auf unsern Händen die Schrift, die Lella Nakhla vielleicht sah; denn sie nickte ernsthaft mit dem

Kopf. «Ja, so mag's wohl sein», meinte sie, «eure Hände sagen viel, meine Hände sagen gar nichts.» Aber nun wurde die kleine Philosophin wieder zum harmlosen Kind, sie spielte Versteck mit ihren Händchen in unsern Handschuhen, ein entzückendes Spiel, dem wir gern zusahen. Sie ballte ihre Kinderhändchen zur Faust und schüttelte lachend die leeren Fingerhülsen, die wie Hampelmänner tanzten, oder sie schlüpfte mit der ganzen Hand in das Leder, nur den kleinen Finger steckte sie zur Ballenöffnung heraus und winkte so drollig, daß wir hell auflachen mußten.

Aber gerade durch Frau Nakhla sollten wir erfahren, daß auch für die orientalischen Frauen das Leben nicht immer ein heiteres Spiel ist und daß das Gelassen-sich-in-die-Ehe-Fügen, das wir bis jetzt immer wahrgenommen hatten, doch auch einmal versagen kann. Am zweiten Tag unseres Aufenthalts bei ihr fragte uns Frau Nakhla: «Werden meine lieben Gäste Freude daran haben, morgen mit mir das allgemeine Dampfbad zu besuchen?» Wir waren erstaunt, denn wir wußten, daß Sidi Mokadem, ihr Gatte, in seinem Haus ein üppig eingerichtetes Dampfbad hatte und daß Frauen vom Rang der Lella Nakhla selten oder nie das öffentliche Frauenbad zu besuchen pflegten. Wir äußerten auch unser Erstaunen, und Lella Nakhla sagte lächelnd: «Die Frankin-

nen wissen gut Bescheid, aber manchmal besuche ich doch das Bad, wenn ich die Erlaubnis von Sidi Mokadem erhalte, um andere Frauen zu treffen; so, wenn jungverheiratete Frauen zum erstenmal ins Bad kommen, eine Ehre, die ich ihnen erweise. Diesmal hat es einen andern Grund. Der Bruder von Sidi Mokadem will wieder heiraten, und man denkt für ihn an Nedjma, die Tochter unseres Kadis. Leila, die Amme der Brüder, soll nun sehen, ob Nedjma wohl dem Sidi Sedira gefallen könnte. Aber Sidi Mokadem denkt, vielleicht habe ich bessere Augen, um das Richtige zu sehen, als die alte, alte Leila, und so habe ich die Erlaubnis, morgen mit Leila das Bad zu besuchen. Wollen meine Gäste sich anschließen?»
Natürlich wollten wir, wir liebten das arabische Dampfbad überhaupt, in Gesellschaft der verwöhnten Lella Nakhla würden wir sicher alles kennen lernen, was uns von den tausend Schönheitsmitteln der Araberinnen noch fremd war.

Um 10 Uhr am andern Morgen wurde uns ein leichtes Frühstück aufgetragen, dann wurden die Dienerinnen mit den nötigen Toilettesachen bepackt. Mit ziemlicher Verständnislosigkeit sahen wir einen riesigen Ballen zusammenstellen aus Teppichen, weichen, buntfarbigen Seidentüchern, großen Wolltüchern, merkwürdig geformten Kapuzen; die schön mit Gold- und Seidenstickerei gezierten Decken, die in Europa so gern zu «Dekorationszwecken» auf Sofas oder Tischen benutzt werden, sahen wir mit Staunen hier, zum wirklichen Gebrauch bestimmt, der Negerin übergeben. Eine zweite Dienerin wird mit Jubeln und Lachen begrüßt, sie bringt der Herrin zur Auswahl die geheimnisvollen Schönheitsmittel. Mit wichtiger Miene wird nun in einer schönen Silberschale das so beliebte Henna zum Färben der Haare und der Füße, wohl auch der Fingernägel, mit Öl und Jasminessenz sachverständig gemischt. Khohol, zum Färben der Augenbrauen, wird hergerichtet in einem entzückenden ziselierten Silberfläschchen. Pasten und Öle werden verrieben und umgefüllt, deren Gebrauch uns mit verlegenem Lachen erklärt wird. Silberschalen mit den goldeingelegten Koransprüchen, Fläschchen und Döschen ohne Zahl werden eingepackt. Endlich ist alles bereit, und die Dienerinnen gehen mit ihren schweren Packen voraus, richten den Platz in der Vorhalle und benachrichtigen die Badenegerin von unserm Kommen. Von zwölf bis sechs Uhr ist das Bad den Frauen geöffnet, eine kurze Zeit nur für eine so wichtige Sache, und keine Minute darf versäumt werden. Lella Nakhla läßt sich das weiße Seidentuch, den Haik umlegen, der die ganze Figur vom Kopf bis zu den Füßen verhüllt, und wir sind bereit, von den Zurückbleibenden den feierlichen Abschied zu nehmen, den die Wichtigkeit des Ganzen erheischt. Alle Segenswünsche begleiten uns. Möge kein Auge eines Mannes deine Keuschheit verletzen! Mögest du gesund zurückkehren und alles Böse im Bade zurücklassen! Möge kein Dschin (Kobold, böser Geist) auf der Schwelle dich überfallen und deinen Fuß zum Straucheln bringen! Das sind so die Hauptwünsche, die uns mitgegeben werden. Eine Negerin geht vor Lella Nakhla und zwei zu ihren Seiten, wir folgen in kleinem Abstand, und bald haben wir die wenigen Schritte zum Bade zurückgelegt. Die Dienerinnen haben in der Vorhalle auf einer Estrade die Teppiche und Kissen ausgebreitet und die Badewäsche bereitgelegt; sie helfen nun eifrig beim Auskleiden. Sobald Haik und Gesichtstuch gefallen, verschwindet die scheue Würde, die den Araberinnen auf der Straße eigen ist. Laute Zurufe, lustiges Schwatzen erfüllt den ganzen Raum. Ausgekleidet, nur in die Futa gehüllt, einem handgewebten Tuch, halb aus bunten Seidenstreifen, halb aus weißer Wolle, sitzen wir alle auf unsern Teppichen und Kissen und plaudern bei einer Zigarette. Lella Nakhla hält Cercle, alle Anwesenden kommen zu ihr, nicht nur wie sonst wohl, um ihr die gebührende Ehre zu erweisen; Neugierde, die Rumis (Christen) zu sehen, treibt diesmal die Frauen her. Nachdem unsere Erlaubnis eingeholt, wandern unsere Sachen von Hand zu Hand. Aber bald erscheint die Badenegerin, um uns in den innern Raum abzuholen. Sie reicht meiner Freundin und mir die Hand, weil es uns schwer fällt, auf den hohen, mit Perlmutter eingelegten Holzstöckelschuhen, die mit einem goldgestickten Riemen lose um die Zehen befestigt sind, auf dem von Öl, Wasserdampf und Seife glitscherigen Boden zu gehen.

Der Schweiß bricht uns mit Macht aus allen Poren in der feuchten Gluthitze der großen Kuppelhalle, und ein Schwindelgefühl wirft mich fast um. Schon stehen aber Negerinnen neben uns, die aus schönen Silberschalen kaltes Wasser uns über Kopf und Füße gießen, und erleichtert können wir uns behaglich in dem Raum umsehen. Wie dünner Nebel hüllt der Wasserdampf alles in ein silberiges Grau, da und dort blitzt ein Goldreif auf, den eine besonders Eitle auch hier noch am Arm oder am Fußknöchel beibehalten hat. Einzelne Gestalten tauchen auf und verschwinden wieder wie hinter einem Gazeschleier; alle Hautfarben sind hier vertreten, vom milchigen Weiß bis zum Ebenholzschwarz, und die bunten Hüfttücher unterstreichen alle Schattierungen. «Da ist Nedjma», flüstert uns Lella Nakhla zu und zeigt verstohlen auf ein entzückendes junges Mädchen in der Gruppe neben uns. Während die Negerinnen uns kneten und massieren, mit Salben und Essenzen uns einreiben, beobachten wir das junge Mädchen, das denselben Prozeduren unterworfen wird. Ihr Körperchen ist vielleicht das reizendste, das ich je gesehen habe, eine Psyche, nur mit den großen, dunkeln Augen unter schweren Lidern, den Augen ihrer Rasse. Sie ist voll Übermut und Leben, und auf eine lächelnd gesprochene Bitte Lella Nakhlas tanzt sie auf einer flachen Silberschale stehend den Schmetterlingstanz, wie Nakhla uns erklärt. Es ist nicht, was wir Tanz nennen, nur ein leises Wiegen und Beugen des Körpers, die Futa hält Nedjma über den ausgestreckten Armen gespannt, und das Tuch wird zu flatternden Flügeln, die ihren Körper verhüllen und plötzlich wieder aufleuchten lassen auf dem rotseidenen Hintergrund. Es ist wundervoll, und wir schauen mit ganzer Seele zu. Die Frauen, die sich im Kreis um uns gesammelt, stimmen, als Nedjma geendet, ihr grelles youyouyou, die eigentümlichen Jubel- und Beifallslaute der Araberinnen, aus, und auch Nakhla nickt beifällig zur Mutter Nedjmas hinüber; wir suchen die schönsten arabischen Worte, um unser Entzücken auszudrücken. Nun wird's wieder stiller im Baderaum, denn jetzt kommt das wichtige Geschäft der Hennafärbung. Ich weiß nicht, worin das Entzücken der Araberinnen an der roten Farbe eigentlich ihren Grund hat. Ich weiß nur, daß sie alle Mittel der Diplomatie und List anwenden, um von ihren Männern die Erlaubnis zu erhalten, möglichst viel von ihrem Körper mit der roten Farbe zu bestreichen.

Ich bin mehr als einmal von Araberinnen bestürmt worden, ihnen doch ärztlich zu verordnen, den ganzen Fuß oder gar die Beine mit Henna zu färben. «Mein Gatte will es nicht, wenn du aber sagst, es ist gut gegen Rheuma oder gegen das Fieber, so gestattet er es mir.» Nakhla begnügte sich damit, sämtliche Fußnägel und den Nagel des kleinen Fingers der rechten Hand zu färben. Auch die Haare wurden mit der Paste bedeckt; bei ganz kurzer Anwendung verstärkt Henna nur das ursprüngliche Schwarz der Haare; man kann aber bei längerer Einwirkung alle Schattierungen erreichen bis zu rotviolett und dem Rot der Möhre. Und komisch genug für unsre Augen sahen die Frauen aus, als die dicke Paste abgewaschen worden war und die leuchtenden Farben zum Vorschein kamen. Aber man war nun noch lange nicht fertig; erst wurde der ganze Körper mit Bimsstein poliert, dann von oben bis unten in lange, mit Rosenöl getränkte Binden gewickelt, in denen man unbeweglich mindestens eine Viertelstunde liegen mußte. Nach der Massage, die darauf folgte, brachten uns die Negerinnen Kaffee und Zigaretten und Obst, das wie eisgekühlt schmeckte. Nach der kurzen Ruhepause kamen nun erst die intimern Verschönerungsmittel, und es war fünf Uhr, als wir nach der letzten kalten Dusche endlich wieder in der Vorhalle auf unsern Teppichen lagen und uns einen kleinen Imbiß mit ambraduftendem Kaffee und Rosenblätterzigaretten schmecken ließen, bei lustigem Geplauder der Frauen, die kurz vor der Trennung sich gar viel noch zu erzählen hatten, ganz wie ihre europäischen Schwestern.

Lella Nakhla schien uns nachdenklich und ernst gestimmt, als sie wieder mit uns allein war in ihrem molligen Teppichwinkel zu Hause. Wir mochten nicht fragen, aber sie fing selbst an zu erzählen: «In wenigen Tagen wird nun die Heirat sein», sagte sie ganz unvermittelt nach einer langen, schweigsamen Pause. «Leila wird zuviel Gutes erzählen, und selbst, wenn ich hier und da etwas Abschwächendes dazu fügen möchte, es würde nicht viel helfen. Sedi Sedira ist der erste Mann in unserm Stamm nächst Sidi Mokadem; Nedjmas Eltern werden unbedingt zustimmen.» «Das scheint dich zu betrüben?» fragte ich. Nakhla nickte nur und sah uns wie prüfend an. «Ihr seid Fremde, euch kann ich's wohl erzählen, hier würde ich keinem davon sprechen, auch Sidi Mokadem nicht», fing sie dann wieder an. «Habt ihr's nicht beachtet, Nedjma hat an ihrer Ambrakette eine in Gold gefaßte Adlerkralle hängen, und daran gebunden die Silberkapsel mit dem Koranspruch für glückliche Erfüllung der Wünsche.» Lella Nakhla schien zu glauben, daß sie uns nun das ganze Rätsel gelöst hätte, denn sie seufzte nur leise auf und sagte noch: «Und Sidi Sedira ist alt und hart, auch hat er auf der Jagd ein Auge verloren, und er war nie ein schöner Mann; das hörte ich von seiner verstorbenen ersten Frau, von Lella Aina.» «O Lella Nakhla, wir Frankinnen sind viel dümmer, als du zu glauben scheinst», sagte nun meine Freundin, «wenn ich auch deine Seufzer verstehe über Sidi Sediras Häßlichkeit und Härte, so wissen wir doch gar nicht, was die Adlerklaue und das Amulett damit zu tun haben.»

Nakhla schlug erst erstaunt die Hände zusammen, dann besann sie sich aber schnell, daß Staunen zu zeigen über unsre wenige Fassungskraft unhöflich erscheinen könnte. «Natürlich», sagte sie, «woher solltet ihr solche unbedeutenden Sachen auch wissen; wenn ich in euerm Lande zu Besuch wäre, würde ich wohl auch manches vielleicht nicht verstehen. Adlerklauen tragen nur Männer und schenken sie nur manchmal einer Frau, die sie lieb haben. So fragte ich natürlich Nedjma ganz obenhin, ob sie die Klaue von ihrem Vater oder Bruder habe, obwohl ich weiß, daß das ganz unwahrscheinlich ist. Und Nedjma errötete auch und sagte, sie habe es, kurz bevor sie mannbar geworden sei, von ihrem Vetter erhalten. Vielleicht wißt ihr auch nicht, edle

Frankinnen», unterbrach sie ihre Erzählung, «daß die jungen Mädchen, bevor sie mannbar sind, ohne Haik gehen und von den Männern ihrer Verwandtschaft gesehen werden können?» Doch das wußten wir, und jetzt dämmerte uns sogar schon der Zusammenhang von Adlerklaue, Amulett und den Seufzern Lella Nakhlas beim Gedanken an die Heirat Nedjmas mit dem harten, alten, häßlichen Sidi Sedira auf. «O, und das Amulett soll also der kleinen Nedjma verhelfen, ihren Vetter zu heiraten», rief ich. «O, die arme kleine Nedjma, nun soll sie statt des hübschen jungen Vetters den alten, häßlichen Sidi Sedira heiraten!» «Arme kleine Nedjma», sagte auch meine Freundin voller Teilnahme. Aber dieses Bedauern ging der kleinen Prinzessin Nakhla doch zu weit. Stolz warf sie den Kopf mit dem funkelnden Diadem zurück und sagte ein ganz klein wenig von oben herunter: «Wenn man Sidi Sedira heiraten kann, so denkt man nicht an einen armen kleinen Vetter!» Und damit war auch ihre trübe Laune verschwunden.

«Wir werden eine sehr schöne Hochzeit feiern, und ihr, meine edeln Gäste, müßt solange bei mir bleiben und das Fest mitfeiern», bat sie mit herzlichem Lächeln. Das konnten wir nun nicht, denn unser Haushalt da unten in dem einsamen Fort schrie nach uns. Aber wir versprachen wiederzukommen zu dem Fest, wenn Sidi Mokadem uns rechtzeitig einen Boten schicken wollte, sobald der Tag bestimmt war.

Eine Arabische Heilige

Nach der flüchtigen Bemerkung Lella Nakhlas über die Zauïas war ich neugierig geworden, Näheres darüber zu erfahren. Ich wußte aus dem Buch O. Depouts und Xavier Coppolanis über die religiösen Genossenschaften der Araber soviel, um wenigstens einigermaßen mit der Rangordnung und den religiösen Ansichten eines solchen Klosters vertraut zu sein. Ich wußte aus dem Buch, daß diese Genossenschaften in der Sahara etwa aus dem 14. Jahrhundert stammen und den als Wundertäter berühmten Sidi Mohammed Abd er Rahman ben Kobrin zum Gründer haben. Diese Brüderschaft der Rahmania ist im ganzen Islam weit verzweigt. In Algerien war der Hauptsitz el Harnel mit sieben oder acht angeschlossenen Zweigen, die ihre Niederlassungen in der ganzen Sahara haben. Die Mitglieder der einzelnen Klöster schwankten an Zahl zwischen zwei- bis sechshundert. Es wird Theologie, Astronomie und Medizin mit den dazugehörigen Nebenfächern gelehrt, auch Kranke werden in diesen Klöstern gepflegt, und die Armen werden gespeist und mit Getreide beschenkt. Aber das Hauptgewicht liegt in der Erziehung zur Mystik. Die Teilnehmer führen ein Leben der Entsagung und strengster Askese, allerdings weit entfernt von unsrer abendländischen Vorstellung; keine Satzung hindert den zukünftigen Heiligen zu heiraten. Doch haben viele unter den der Lehre Angeschlossenen ganz wie unsre Mystiker die Vereinigung mit Gott gefunden. In der Stille und im Schweigen finden wir Gott, sagt ihre Lehre wie unsere Mystiker, und sie haben die Gewalt über die Elemente, wie von unsern Heiligen die Legende erzählt. Ich hatte nun erfahren, daß im Gegensatz zu den Ansichten der übrigen Mohammedaner diese Sekte auch den Frauen die Möglichkeit gibt, eine Marabuta zu werden. Als Khuatat (Schwestern) schließen sie sich einem solchen Kloster an und haben ihre eigne Mokaddenat (Vorsteherin), die die Verwaltung selbständig führt und die Lehre vorträgt.

Ich wollte allein in die Zauïa gehen, da ich aus Erfahrung wußte, daß ich kein offenes Wort hören würde, wenn ich mit der Frau eines französischen Offiziers ankäme. Ich machte mich unter dem Vorwand einer ärztlichen Reise auf den Weg zu Sidi Abd er Rahman Raïmi Embarik, und von dessen Zeltlager aus schickte ich meinen Brief an das Kloster. Am andern Tag kam Sidi Mohammed ben Kassem, mir die Einladung zu überbringen im Namen des Marabuts, als des Klostervorstands.

Die Marabuta, der mein Besuch galt, hatte die Verehrung, die ihr Vater unter den Arabern im höchsten Maße besessen hatte, übernommen und wurde hier wie eine Heilige verehrt, weit über die Grenzen Algeriens hinaus. In ihrem Kloster kamen aus dem ganzen Islam Schüler zusammen. Ich wußte, daß die Franzosen mit äußerstem Mißtrauen das Kloster beobachteten und die Ab- und Zugehenden, soweit ihnen dies möglich war, beaufsichtigten. Aber sie konnten nicht gut verhindern, daß ganze Karawanen gezogen kamen, um am Grab des großen Marabuts zu beten und einen Zipfel vom Gewand der Lella Nessria zu küssen. Sie mußten ihre Untersuchungen darauf beschränken, daß keine Waffen zugeführt wurden und daß bei großen Festlichkeiten ein französischer Verwaltungsbeamter den Zeremonien beiwohnte und die Reden mit anhörte; wie weit seine Berichte der französischen Regierung nützten, bei der meist mangelhaften Kenntnis der Sprache, bleibe dahingestellt.

Es war ein heißer, strahlend schöner Tag, als ich meinen Ritt zum Kloster antrat in Begleitung Sidi Abd er Rahman Raïmis und seiner «Kavaliere» und mit meinen eignen Dienern. Auf halbem Weg kamen mir die Abgesandten des Klosters entgegen, um mich mit Musik einzuholen in das Gebiet der Zauïa. Das riesige Gebäude, halb Kloster, halb Festung, auf einem Hügel aufgebaut, kann man mit seinen hohen Mauern, mit den Schießscharten ähnlichen, wenigen Fenstern von weitem schon sehen. Am Fuß des Hügels liegt der einfache Friedhof der Araber; verschieden große Steine, die regellos daliegen, bezeichnen das Grab. Selten nur, daß eine feste Platte mit Schrift von dem Toten spricht oder ein gemeißelter Turban Zeugnis davon gibt, daß hier ein Mekkapilger liegt.

Am Tor des Klosters werde ich von dem Marabut Sidi Mokadem Djilali bel Hadj Melud empfangen, und in dem großen Hof sind die Lehrer und Schüler versammelt. «Sei willkommen im Haus der Stille», so begrüßt mich der Marabut. Und wirklich herrscht im großen Raum mit den vielhundert Menschen jetzt, als die Musik schweigt und die Pferde weggeführt sind, eine fast beängstigende Stille. Es fällt mir schwer, die Begrüßungsworte, die von mir erwartet werden, in diese heilige Stille hineinzusprechen. Ich frage, ob es mir als Frau erlaubt ist, das Grabmal des verstorbenen großen Marabuts zu besuchen. Ich weiß, daß auch diese Frage von mir erwartet wird, und erhalte die höfliche Antwort, daß ich als Ärztin soviel bin wie eine Marabuta und daß das Geschlecht nicht in Frage kommt bei den Menschen, die im Geiste und in der Wissenschaft leben. Und der Marabut führt mich durch die innern Höfe und Gänge, das ganze Gefolge schließt sich an. Aber nur der Marabut, mein Gastfreund und ich treten dann in die kleine Kuba, den kapellenartigen Raum, ein. In der Mitte steht, ähnlich wie die Tumba in den katholischen Kirchen bei Totenmessen, ein Gerüst aus fein gedrechselter Holzarbeit aufgebaut über dem Grab des Heiligen, fast vollständig verdeckt von seidenen Fahnen mit reicher Stickerei. Von der Decke hängen neben den Straußeneiern, gefüllt mit der heiligen Erde aus Mekka, gewiß fünfzig von den herrlichen Ampeln, die in Silber ziseliert, mit gravierten oder eingelegten Koransprüchen geschmückt, zu dem Schönsten gehören, was die arabische Kleinkunst hervorgebracht hat.

Während wir drei in andachtsvollem Schweigen in dem stillen Raum standen, dachte ich an die vielen Geschichten, die über den Toten unter den Arabern im Umlauf waren. Er konnte Aussätzige heilen, zwei Tote hatte er wieder ins Leben zurückgerufen. Die Natur war ihm untertan, er herrschte über Wind und Meer, über Tiere und Pflanzen. Er brauchte nur zu wünschen, so wurden die Musikinstrumente an der Wand seines Zimmers von unsichtbaren Händen gespielt, und die Düfte aller Blumen flogen ihm zu.

In der herrlichen, weit berühmten Bibliothek des Klosters soll die Pergamentrolle noch gezeigt werden mit einer schwierigen astronomischen Rechnung, die ein Abgesandter Allahs für den Marabut geschrieben, als er ermüdet in der Nacht darüber eingeschlafen war. Ich nahm mir vor, den jetzigen Vorstand des Klosters danach zu fragen, wenn wir in der Bibliothek sein würden. Hier wagte ich nicht, mich weiter umzusehen, so gern ich auch die Pracht der Stickereien und Ampeln und die herrlichen Azulejos an den Wänden, die altmaurischen Kacheln, näher bewundert hätte. Mit einer tiefen Verbeugung vor dem Grab des verehrten Marabuts trat ich zurück und ging hinaus zu den wartenden Schülern und Lehrern. Wieder ging's durch endlose Höfe mit plätschernden Brunnen, hier in der Wüste ein unerhörter Luxus, aber auch ein Zeichen großen Gemeinsinns und eifriger Tätigkeit, und dann durch lange, kühle Gänge bis zur Bibliothek. Hier hätte man nun allerdings Wochen zubringen können und gelehrter in der arabischen Wissenschaft sein müssen, als ich es bin, um die Schätze zu würdigen, die mir von allen Seiten zugebracht wurden. Ich erzählte meinem Führer, wie viel ich Verehrungswürdiges aus dem Leben des großen Verstorbenen gehört habe, und es schien ihn zu freuen, daß ich zum Vergleich Züge aus dem Leben unsrer Mystiker anführte. Ich erzählte ihm vom heiligen Franziskus, von unserm Meister Eckhart. Als ich versuchte, ihm den Spruch des Angelus Silesius zu übersetzen: *«Ich weiß, daß ohne mich Gott nicht ein Nu kann leben, werd ich zu Nicht, er muß von Not den Geist aufgeben»*, und mich natürlich verhedderte, ließ der Marabut sich ein Manuskript reichen und las mir mit lebhafter Freude daraus vor: *«Gott wär nicht, wär ich nicht, verlier ich meine Seele, ist Gott ein Nichts.»* Und als er mein Staunen sah, huschte etwas wie ein Lächeln über sein ernstes Gesicht: «Sollte die weise fränkische Ärztin nicht wissen, daß nur ein Weg und nur ein Ziel ist für die, die suchen, daß nur die Worte verschieden sind?» «Wenn doch das alle Menschen hören könnten und glauben würden», sagte ich wirklich ergriffen. «Ja, wenn sie's glauben würden, dann hätten alle den Frieden, den wir hier haben», sagte Sidi Mokadem ernst.

Ich mochte nun nicht mehr nach dem Manuskript von Engelshand fragen, ich hatte einen starken Eindruck vom Geist dieses Klosters empfangen, und Legenden konnten da nichts dazutun und nichts wegnehmen. Außerdem war ich hier schon zu lange geblieben, wenn ich für meinen Hauptzweck noch genügend Zeit haben wollte, für meinen Besuch bei Lella Nessria. Ich sagte das dem Marabut und bat ihn, mich nun zu den Räumen der Marabuta führen zu lassen. Wir gaben uns die Hände zum Abschied, d. h. nach der schönen arabischen Sitte berührten sich unsre Fingerspitzen, und Sidi Mokadem Djilali führte die Finger seiner Hand, die meine gestreift hatten, an die Lippen. Ich finde diesen Ausdruck der Verehrung viel zarter als unsern zudringlichen Handkuß.

Noch einen geräumigen Hof mit Säulengängen hatten wir zu durchschreiten, da öffnete sich plötzlich vor uns eine große, aus Zedernholz herrlich geschnitzte Doppeltür, und unter der Öffnung stand eine hohe, weiße Gestalt, die Lella Nessria sein mußte. Im Hintergrunde des dunkeln Ganges sah ich wie eine weiße Wolke die Frauen ihres Gefolges. Nachdem wir die feierlichen Begrüßungsworte gewechselt, drängten sich Lehrer und Schüler der Klosterschule vor, um irgendeinen Zipfel des Gewandes der verehrten Marabuta zum Kuß zu erhaschen. Sie schien es kaum zu bemerken und sprach mit heller, klingender Stimme einige Worte zu Sidi Mokadem und zu meinem Gastfreund, dann nahm sie mich an der Hand, winkte den Zurückbleibenden zu, und die schwere Doppeltür fiel hinter uns ins Schloß. In einer säulengetragenen Halle, deren Wände mit den kostbaren Teppichen des Djebl Amur ganz bedeckt waren und in deren Mitte ein marmorner Springbrunnen stand mit einem Becken voll

Papyrusstauden und blühenden Wassergewächsen, ließen wir uns auf den Seidenkissen, die bereitlagen, nieder, und eine Dienerin brachte den Kaffee. Aufrecht in dichten Reihen standen die Frauen des Klosters an den Wänden entlang, lautlos und bewegungslos. Nach dem ersten Schluck aus den winzig kleinen Täßchen, deren Porzellanschale in einem Becken aus edelster Emailarbeit stand, wandte sich Lella Nessria an die Frauen und winkte ihnen, sich zu entfernen. «Unser Gast bedarf nun der Ruhe, später wird sie auch euch die Ehre ihrer Unterhaltung schenken.» Die weißen Gestalten neigten sich lautlos und verschwanden im Innern des Hauses. Lella Nessria beugte sich zu mir und fragte: «Will mein werter Gast ganz allein bleiben und wirklich etwas ruhen, oder ist ihr meine Gesellschaft erwünscht?» Ich konnte der Marabuta ehrlich versichern, daß ich keinen andern Wunsch hätte, als sie reden zu hören, nachdem das Traumhafte dieser ganzen Klostersiedlung und ihre Stellung in dieser Welt für sich alle meine Begriffe vom Leben der arabischen Frauen über den Haufen geworfen habe. Schon daß sie unverschleiert unter den Männern erschienen war, hatte mich befremdet; und dann sah ich den Schauer der Ehrfurcht auf all den Gesichtern, diese zudrängende Verehrung, ich sah meinen stolzen Gastfreund sich tief neigen und den Saum ihres

Gewandes an seine Lippen führen, ich sah den Marabut die Arme über der Brust kreuzen und das Haupt beugen, solange sie zu ihm sprach. Wie eine Königin war sie verehrt, wie eine Heilige schien sie mir in ihren schneeweißen Gewändern, wenn ich in ihre leuchtenden Augen sah.

Nun konnte ich sie in Ruhe beobachten, während wir über ihre Verwandte, meine liebe Gastfreundin, Lella Nakhla, plauderten. Ein schmales, blasses Gesicht mit einer auffallend hohen Stirn und einer fein gezeichneten, etwas scharf gebogenen Nase und dem Munde eines Kindes. Aber das ganze Gesicht war beherrscht von diesen wundervollen Augen, die wie in beständiger Betrachtung unbeschreiblicher Herrlichkeit versunken schienen. Wir hatten unter unserm harmlosen Gespräch den Kaffee ausgetrunken, nun stand Lella Nessria auf und sagte: «Ich höre aus deinen Worten, daß du unser Freund bist; darf ich dir zeigen, wie wir leben, unsre Arbeit und unsre Erholung?» Sie ging mir voraus nach den innern Gemächern, eine Dienerin öffnete vor ihr die Türen, durch die wir eintraten. Überall war die Einrichtung rein orientalisch; soviel ich beim raschen Durchschreiten sehen konnte, war kein Stück europäischer Herkunft in all den Räumen, die ich bis jetzt besucht. Wie oft hatte mich schon im Hause eines Arabers ein Spiegelschrank oder ein greuliches Plüschsofa entsetzt. Nun trat Lella Nessria in einen Raum, der mir ein Turmzimmer zu sein schien. Ein ziemlich großes Fenster ließ den Blick frei hinausschweifen über die weiten Sanddünen des Bled el Ateuch (Land des Durstes), wie die Araber die Vorterrassen der großen Sahara nennen, und im Westen sah man die wie Schnee glitzernde Decke des großen Salzsees herüberleuchten. An den Wänden hingen wieder die dicken Teppiche des Orients, und in einer tiefen Nische waren die gehäuften Kissen des arabischen Diwans. Schön gearbeitete, mit Perlmutter und Elfenbein eingelegte Gestelle standen an den Wänden, gefüllt mit Pergamentrollen und Büchern, und allerlei seltsam geformte Musikinstrumente hingen an den Wänden oder lagen auf niedrigen Tischchen. Am Fenster stand ein großes Fernrohr, und in einer Ecke ein Globus, und darüber hing eine schön gemalte Sternkarte. «Das ist mein eignes Zimmer», sagte Lella Nessria, «hier kann ich viel allein sein und mich nach den Launen meines Geistes beschäftigen.» Ich war entzückt von dem Gemach und sagte Lella Nessria, daß ich hier wohl auch gern wohnen und träumen möchte mein Leben lang. «Meine Welt ist klein und hat hier Raum genug. Deine Welt ist groß, und deine Flügel würden sich wund schlagen in der Enge», gab Lella Nessria zur Antwort. «Hältst du mich für so leer, daß ich die ganze Erde brauche, um mich anzufüllen», fragte ich rasch entgegen. Lella Nessria sah mir eine Weile, ohne zu antworten, in die Augen, und ein Schwindel ergriff mich unter ihrem Blick. Der Raum und Lella Nessria verschwammen wie in einem Nebel, nur die leuchtenden Augen sah ich noch, die im leeren Raum zu schweben schienen, und mir war's, als schwebe auch ich in eilendem Flug durch die Luft; Städte, die ich nie gesehen, glitten unter mir vorüber, und dann ein purpurschimmerndes Meer, ferne Harfentöne schienen uns entgegenzutönen, plötzlich glitten wir abwärts und standen in einem Hain von Olivenbäumen, auf einer Wiese ganz bedeckt mit den duftenden blauen Iris des algerischen Frühlings. Ein Mann im gelben Bettlergewand des Buddha schritt uns entgegen und fragte: «Wohin geht euer Weg?» Und ich hörte Lella Nessrias klingende Stimme sagen: «Den Weg der Sehnsucht gehe ich», und meine Stimme antwortete: «Den Weg des Wissens will ich gehen.» «So findet ihr am Ziele euch wieder, doch eure Wege gehen verschieden», sagte der Mann im gelben Bettlerkleid, und ich fühlte einen leisen Schmerz im Herzen und stand wieder im Turmgemach der Zauïa, und Lella Nessria antwortete auf meine Frage: «Nein, edle Herrin, nur unsre Wege sind verschieden, deine Seele ist so eins mit dem All wie meine.»

«Was war das eben, Lella Nessria?» fragte ich. Aber die Marabuta schüttelte leise mit dem Kopf: «Wie bist du jung noch», sagte sie lächelnd, «daß du fragst und wissen willst. Hast du's noch nie gefühlt, daß die Seelen manchmal versuchen, zusammenzukommen, daß eine kurze Weile ihr Gefängnis sich öffnet und sie eins werden, wie sie es von allem Anfang an waren und in alle Ewigkeit wieder sein werden? Aber dann schließen sich die Tore wieder, und wir sind wieder allein und fest gebunden an die Erde.» Nun erklangen wieder die Harfentöne, die ich vorhin zu hören geglaubt; jetzt war ich aber wach, ich sah die weiße Erscheinung Lella Nessrias vor mir und die farbenbunten Teppiche an den Wänden, und ich wandte den Kopf, um auch die Harfenspielerin zu sehen, aber wir waren allein im Gemach, nur glaubte ich zu bemerken, daß die Saiten einer Kninbri, die vor mir auf einem Elfenbeinfuß stand, leise vibrierten. «Lella Nessria», fragte ich wieder, «was ist dein Leben?» «Ein Leben in der Stille», antwortete Lella Nessria, und ihre Augen strahlten. «Ein Versinken, ein Aufgeben und ein Eingehen. Aber du», unterbrach sie ihr vorübergehendes Versunkensein, «du lebst ein Leben der Tat, erzähl mir von dir und den Wundern deiner Welt. Wie muß es schön sein, zu helfen, zu retten, zu säen und zu pflanzen. Du hilfst durch deine Güte und dein Wissen Tausenden zum

Leben, ich lausche nur dem leisen Echo von Gottes großer Seele in meiner Seele.»

«Ich bin nicht fromm, Lella Nessria, und glaube nicht an die Lehren unsrer Kirchen, aber unser großer Prophet Jesus hat gesagt: Was nützt es mir, wenn ich die ganze Welt gewänne und Schaden litte an meiner Seele. Fast will es mir scheinen, als müßten wir uns das Wort täglich wiederholen, denn wir vergessen unsre Seele und hören kein Echo von Gottes großer Seele, wenn wir in einsamen Stunden in uns hineinhorchen. Wir hören nur das Brausen der Welt und sehen am Ende den Tod, der alles verschlingt.»

«Der Tod ist nur ein anderer Traum, an dem wir uns in diesem Traum nicht erinnern. Du weißt dein Leben nicht, bevor deine Mutter dich geboren, und doch hast du gelebt. Warum sorgst du dich um dein Leben, wenn unsere große Mutter uns wieder zu sich nimmt?» fragte Lella Nessria. «Aber ich sag dir, was du besser weißt als ich; du aber kannst mir erzählen, was ich nicht weiß. Willst du nicht oft noch zu uns kommen, wenn dein Weg dich nicht wegführt von unserm Land, dann können wir tauschen mit unsern Worten, und wir werden sehen, daß wir Schwestern sind, was ich jetzt schon glaube, wenn ich deine Augen sehe, die nur zu viel noch fragen, weil du so jung noch bist.»

Gerne nahm ich diese Aufforderung zu wiederholten Besuchen an, heute konnte ich nicht mehr viel ertragen und hätte keine Freude mehr gehabt an der Unterhaltung mit der Marabuta, ich war zu verwirrt von all dem Gesehenen und Gehörten. «Wir haben bei unsern Gesprächen den Ruf zum Essen überhört, aber noch kommen wir zur Zeit und haben keinen ungebührlich warten lassen», sagte Lella Nessria. Sie klatschte leise in die Hände, Dienerinnen öffneten die Türen und schritten uns voran in den Speiseraum des Klosters.

In der Mitte eines sehr großen Saales waren Kissen gelegt um ein niedriges Tischchen, und Sidi Mokadem und mein Gastfreund Sidi Raïmi standen bereit, sich mit uns da niederzulassen zum Mahle. Rings an den Wänden kauerten sich die übrigen Bewohner des Klosters, das heißt, wie ich auf meine Frage erfuhr, nur die Lehrer und Lehrerinnen und die eigentlichen Mönche oder Nonnen. Ich staunte wieder innerlich über dieses gemeinsame Mahl, denn niemals sonst essen arabische Frauen in Gegenwart von Männern, selbst nicht mit ihren eigenen Gatten. Als wüßte Lella Nessria meine Gedanken, sagte sie: «Wir essen für gewöhnlich getrennt, aber dies ist nur, weil wir anders bereitete Speisen lieben als die Männer; doch an Festtagen essen wir alle gemeinsam.» Nun kamen all die unzähligen Gerichte eines arabischen

Festmahls, die uns Europäer so gut munden, wenn wir unsere Zunge erst einmal an den scharfen Pfeffer und an die starken Parfüms gewöhnt haben, die fast allen Speisen beigefügt werden. Eine Tasse arabischen Kaffees mit einer Ambra-Pastille darin aufgelöst gehört zu den köstlichsten Getränken; und die Salate aus Orangen, Ananas und roten Pfefferschoten und die köstlichen süßen Speisen aus Mandeln, Honig und Orangenblütenessenz verlocken stets von neuem zum Zugreifen. Und der immer wiederkehrende Hauptbestandteil, der Kußkuß, die Nationalspeise der Araber, ein zu kleinen Körnchen geriebener Teig aus Buchweizenmehl, der auf die verschiedenartigste Weise zubereitet aufgetragen wird, bald mit Hühnerstückchen zusammengekocht oder mit Artischocken oder auch als Süßspeise. Jeder Teilnehmer bekommt einen Löffel, alle andern Gerichte müssen mit den Fingern und mit Hilfe eines Brotstückchens zum Munde geführt werden, ein schwieriges Kunststück, da man kein Tröpfchen Tunke, kein Krümelchen auf dem Weg verlieren darf, ohne der schlechten Manier beschuldigt zu werden. Zum Kußkuß bekamen wir hier jeder einen Löffel von Schildpatt mit dem Stiel aus einem Korallenzweig. Und nun ist die Kunst, daß jeder in den aufgehäuften Berg sich seinen eigenen Tunnel löffelt, nur so lange gilt es für anständig zu essen, als der

Tunnel standhält und nicht in sich zusammenfällt oder in den des Nachbars durchbricht. Zwischen den Gängen reichen immer wieder Dienerinnen schön ziselierte Becken aus Silber und gießen aus den dazugehörigen Kannen köstlich duftendes Wasser über die hingehaltenen Hände; Handtücher mit prachtvollen Bordüren in Gold- oder Buntstickerei werden zum Abtrocknen gereicht. Dazwischen raucht man eine Zigarette und trinkt eines der winzigen Täßchen Kaffee, und so dehnt sich das Mahl recht lange aus.

Nach dem herrlichen Obst gab Lella Nessria ein Zeichen mit der Hand, und einer nach dem andern der Anwesenden kam zu unserm Tisch, küßte der Marabuta das Gewand und verneigte sich vor dem Vorstand des Klosters, vor meinem Gastfreund und vor mir. Ich fragte, so viel meinem müden Kopf nur einfallen wollte, weil ich wußte, daß jeder ein Wort von mir erwartete. Recht oft sagte ich aber schließlich: «Ich hoffe, bei meinem nächsten Besuch, den mir Lella Nessria gütigst gestattet, mehr noch von diesem schönen Ort und seinen Bewohnern zu sehen.» Die Sonne stand schon recht schräg am Himmel, als endlich der letzte den Speiseraum verlassen hatte.

«Nun solltest du eigentlich noch unser Spital, unsere Lehrsäle, unsere Sternwarte und unsere Gärten sehen», sagte Lella Nessria, aber ich wehrte lachend und zeigte auf die langen Schatten an der Wand. «Mein Weg ist noch weit, o Lella Nessria, und die Sonne sinkt, ich muß mich aufs nächste Mal vertrösten.» Die Marabuta stand auf und sagte: «Nur den Schülern wirst du doch nicht die Freude rauben wollen, dein Angesicht in der Nähe zu sehen. Das andere können wir wirklich auf ein Morgen verschieben, aber das sind junge Menschen, die glauben noch nicht, daß immer ein Morgen kommt.»

Auch das ging vorüber, und der Abschied von Sidi Mokadem Djilali und Lella Nessria, und unter den nach der stundenlangen Stille geradezu ohrenzerreißenden Klängen der Musik konnten wir endlich auf unsere Pferde steigen und hinausreiten in die Wüste, die in den Farben des kommenden Sonnenuntergangs aufleuchtete vom hellsten Lila bis zum dunkelsten Purpur. Sidi Raïmi ritt schweigend neben mir, und ich dachte über das Gesehene und Gehörte nach. «Was ist Lella Nessria für eine wunderbare Frau», sagte ich schließlich in meinem Bedürfnis, mich auszusprechen.

«Wenn du, weise Äztin, auch tiefer siehst als wir, so kannst du doch nicht wissen in den wenigen Stunden, wie wunderbar Lella Nessria ist», meinte mein Gastfreund. Und er erzählte mir auf meine Bitten noch viel aus dem Leben der allverehrten

Frau. Ich hätte, was er mir vortrug, für Märchen gehalten noch auf dem Herritt, aber nach diesen Stunden im Turmgemach schien mir nichts unmöglich.

Ich hab es aufgeschrieben, wie ich selbst erlebt und selbst gefühlt habe, und wage nicht, eine Deutung zu geben. Vielleicht gibt es auch andern Menschen ein Bild davon, was alles in den arabischen Frauen verborgen liegt, von dem der flüchtige Reisende nie eine Ahnung erhalten kann.

Wüstenabenteuer

Mister Holligan war aus der Oase Challala verschwunden. Zwei, drei Tage lang waren die wenigen Europäer nur neugierig, ganz ohne Sorge. Dann aber wurde bekannt: sein Pferd, seine Diener, alle seine Toilettesachen waren noch in der Karawanserei, auch seine Gewehre. Also war doch ein Jagdausflug, ein Ritt in die Wüste ausgeschlossen. Die Unruhe in der kleinen Europäerkolonie stieg an. Die Offiziere zogen jetzt die Achseln hoch und tuschelten: er hatte sich gerne bei den Oulad-Naïls, den Wüstentänzerinnen, herumgetrieben. Vielleicht war er mit einer von ihnen nach dem Süden gezogen ... aber ganz ohne Vorbereitung, ohne irgendwelches Gepäck? Vorsichtig wurden Nachforschungen angestellt, keine der Tänzerinnen fehlte. Eine größere Geldsendung war mit dem Postkurier für ihn angekommen, nach seinem Verschwinden. Der Kommandant der kleinen Garnison fing an, nervös zu werden. Der Mann mußte gefunden werden; wenn dem Engländer etwas passierte, waren unausdenkbare Schwierigkeiten zu erwarten.

Eine Woche nach dem Verschwinden von Mister Holligan ließ der Oberst die junge französische Ärztin holen, die seit über Jahresfrist in der Oase und der näheren und weiteren Umgebung im Auftrag der französischen Regierung die arabischen Frauen untersuchte und verarztete. Madame Tahiba, dem arabischen Wort für Ärztin, wie sie auch von den Franzosen genannt wurde, kam in das Büro des Obersten.

«Madame, nun ruht unsere ganze Hoffnung auf Ihnen», empfing sie der Oberst. «Nein, es handelt sich um keinen Kranken, sondern um Mister Holligan.»

«Haben Sie Nachricht von ihm?» fragte die junge Ärztin lebhaft. Sie war selbst nicht wenig beunruhigt von dem Verschwinden des Engländers. Er war ihr ein guter Kamerad gewesen, viele Monate nun schon; hatte sie oft auf ihren anstrengenden Ritten zu entfernteren Oasen begleitet.

Auf ihre Frage schüttelte der Offizier nur den Kopf: «Nein, Madame, trotz aller Bemühungen; wir haben keine Spur und müssen eine finden, bevor der englische Konsul in Algier etwas erfährt; eigentlich hätte ich ja schon längst Meldung machen müssen, aber was dann auf mich herunterprasselt, das ist ...

das ist gar nicht auszudenken. So dachte ich an Sie, helfen Sie uns.»

«Gerne, sehr gerne, aber wie und wo soll ich ...»

«Sie kommen überall hin, die Araber haben Sie gern, die Weiber vergöttern Sie. Wenn wir kommen, so sind alle Türen zu. Sie können in jeden Winkel kriechen, wenn's sein muß, und es muß sein.»

Die Ärztin zog die Stirn kraus: «Es ist doch unmöglich, daß Mr. Holligan bei einer Frau sich versteckt, Herr Oberst!»

«Nichts ist bei einem Engländer unmöglich, ich hätte den Burschen schon lange gern aus der Oase entfernt, wenn ich nur einen stichhaltigen Vorwand gefunden hätte; er interessierte sich viel zu viel für die Araber, kannte ihre Sprache und ist oft genug als Beduine verkleidet zu den Tänzerinnen und zu den Derwischen Aissanouas gegangen, trotz meiner leisen und lauten Warnungen.» Die Ärztin blieb nachdenklich. «Es sind hier so viele sonderbare Dinge, immer, man verlernt das Wundern. Aber vielleicht haben mich Ihre Worte auf eine Spur gebracht.»

«Heute ist das große Jahresfest der Aissanouas», sagte sie scheinbar zusammenhanglos. «Wenn Sie aber Gewalt anwenden, so wäre er ein toter Mann. Ich will's mit List versuchen, es geht aber auf Tod und Leben für ihn und für mich.» Sie wehrte wieder ab, als der Oberst nun Einwände machen wollte. «Es geschieht nicht nur, um Ihnen oder Frankreich Unannehmlichkeiten mit England zu ersparen», sagte sie mit einem leisen Lächeln ..., ernster setzte sie fort: «Mister Holligan war mir ein guter Kamerad, und er hat mir zweimal in Gefahr tapfer beigestanden. Ich will versuchen, das heimzuzahlen.»

«Und da geht der Idiot hin und verplempert sich mit diesen arabischen Weiberpuppen», brummte der Oberst recht vernehmlich. Der Ärztin zuckte wieder das spöttische Lächeln in den Mundwinkeln: «Mister Holligan wäre nicht der erste, der sich mit diesen Puppen, wie Sie sie zu nennen belieben, die Zeit gerne vertreiben möchte, nur, ich fürchte sehr, so einfach liegt die Sache nicht. Aber ich habe nun viel zu tun, Vorbereitungen. Bitte, geben Sie mir doch die Parole und sagen Sie der Wache, daß sie keine Schwierigkeiten macht, wenn ich heute abend die Parole angebe, um zu den Aissanouas hinauszugehen. Zehn von Ihren zuverlässigsten Leuten müssen heute abend unauffällig in der Nähe des Marabuts sein, auf meinen ersten Anruf bereit.»

«Ich selbst will dabei sein», sagte der Oberst.

«Gut, aber Geduld und keine Gewalt, bis ich rufe.»

Am späten Abend ritten zwei Araber, ein der Wache wohlbekannter Scheich aus dem benachbarten

Zeltlager und ein jung aussehender Tuareg, aus der Grenzmauer der Oase. An der äußersten Südgrenze der Oase, weit außerhalb der Gärten, stand ein Marabut, das Grabmal eines Heiligen, der Versammlungsplatz der Sekte der Aissanouas. Weit hinaus in die Nacht leuchtete das Feuer im Hofe des Grabmals, weit hinaus hörte man den einförmig rhythmischen Klang von Derbaukas, einer Art Trommel, und der Hirtenflöte. Die Reiter hatten das Grabmal bald erreicht. An die Umfassungsmauer banden sie ihre Pferde, etwas abseits von anderen, die da standen. Ein Wächter ließ die beiden Spätgekommenen sofort ein, nachdem der Scheik einige Worte gemurmelt hatte.

Der Tuaregknabe blieb gleich neben dem Eingang, an die Mauer gelehnt, stehen. Er behielt den Schleier über dem unteren Teil seines Gesichtes, was bei einem Tuareg nicht auffiel.

Von seinem Platz aus konnte er den ganzen Hof übersehen. In der Mitte des Hofes war ein flackerndes Holzfeuer, und daneben stand das Kohlenbecken, auf dem sich immer wieder aromatische Kräuter und Hölzer in dichten Rauchschwaden verbrannten. Die Teilnehmer am Tanz waren rund um das Kohlenbecken gruppiert. Einige lagen, vom Tanz und den Selbstzerfleischungen erschöpft, in ihren Burnus gehüllt, auf dem Boden, die größere

Menge tanzte noch in wilder Erregung, immer drei Schritte vor, drei zurück, dabei den Kopf in den Halswirbeln drehend, als wäre er an einem Gummiband befestigt.

Die Tahiba, die als Tuareg verkleidet gekommen war, sah diesen grausam-wilden Tanz nicht zum erstenmal; sie hatte Aissanouas oft besucht, auch schon bei dieser Feier, deren Besuch jedem Rounie (Christen) verboten war.

Ihre Aufmerksamkeit war aber heute nur auf die Schüler gerichtet, die weit ab von dem glimmenden Holzfeuer saßen, die Kapuzen der Burnusse tief in die Gesichter gezogen. Ab und zu rief der Vorsteher der Sekte einen der Schüler heran, eine Probe seiner Standhaftigkeit abzulegen. Einem kleinen Buben von vielleicht sechs Jahren wurde ein Skorpion hingehalten, er sollte dem Tier den Kopf abbeißen; einem etwas älteren Jungen hielt der Vorsteher eine kleine schwarze Viper hin, eine der bösartigsten Giftschlangen der Wüste; er sollte deren Kopf in den Mund nehmen und sich in die Zunge beißen lassen. Von den Derwischen tanzte manch einer fanatisch mit weit heraushängender Zunge, an der das kleine schwarze Reptil festgebissen hing. Der kleine Junge wich schreiend zurück; ein Stockschlag über den Kopf warf ihn taumelnd in eine Ecke.

Die Ärztin beherrschte ihre Empörung, sie wußte, schlimmere Dinge würden folgen, und ein Einspruch hätte nur ihr Leben bedroht. Es gab für die Aissanouas kein höheres Glück, als an den Folgen der mörderischen Verwundungen zugrunde zu gehen; sie kamen dann sofort in Allahs Paradies, und alle Wonnen des Paradieses warteten ihrer.

Was die Ärztin beunruhigte und erregte, war die kleine Gruppe am äußersten dunkelsten Ende der Schülerreihe. Drei Gestalten lehnten die anderen wie unbeweglich gegen die Mauer, fest in den Burnus gehüllt, aber in der Unbeweglichkeit dieser drei lag etwas Starres; nicht eine Falte der weißen weiten Mäntel bewegte sich. Sie mußte wissen, wer da lag, geknebelt oder betäubt durch Haschisch. Sie wußte, was bevorstand: wenn der Höhepunkt der Zeremonie erreicht war, wenn die Selbstzerfleischer aus tiefen Wunden blutend, verbrannt, vergiftet, halb oder ganz wahnsinnig waren vor Lust und Raserei – denn Schmerz spürte keiner in dem Taumel –, dann würden vor der letzten tödlichen Erschöpfung ihre Sinne noch nach dem stärksten Reizmittel verlangen: die Gefangenen würden als Allah wohlgefälliges Opfer getötet.

Sie winkte ihrem großen Araberfreund, der konnte es wagen, zu den Schülern sich zu setzen. Unauffällig schritt der Scheich, nach einigen geflüsterten Erklärungen der Ärztin, zur Mauer und ließ sich grade vor der Gruppe der drei stillen Gestalten auf den Boden nieder. Nach einem kurzen Gespräch stand er gelassen wieder auf und warf im Vorübergehen eine Handvoll Weihrauch auf das Kohlenbekken. Für die Ärztin war dies das verabredete Zeichen: Mr. Holligan war unter den Gefangenen. Der Abredung gemäß stellte sich der Scheich nun unbeweglich neben die Ausgangstür. Die Ärztin schwankte, ob sie nicht doch besser der Gewalt nun vertrauen sollte. Der verabredete Revolverschuß brachte die Soldaten; aber sie kannte die Araber zu genau, die Gefangenen würden wie durch Magie verschwinden, unauffindbar, und nichts wäre gewonnen, ihr Leben aber ziemlich sicher verspielt.

Das Schauspiel vor ihr, dem zuzusehen sie absichtlich nach Möglichkeit vermieden hatte, um ihre Nerven nicht noch unnötig zu reizen, hatte unterdessen nahezu den Höhepunkt erreicht. Sehr viele der Zuschauer waren, fortgerissen von der aufpeitschenden Musik, mit in die Reihen der Tanzenden getreten.

Die Ärztin schloß einen Moment die Augen, ihr graute vor dem, was sie nun tun wollte. Mit einem raschen Sprung stand sie unter den Tanzenden, gab sich dem Rhythmus hin, vor und zurück, den Kopf wild schleudernd, wie die andern. Niemand achtete ihrer, der Taumel war zu groß. Mit einem Schrei warf sie sich dann aus der Reihe heraus. Wenn ein Beobachter da war, wäre auch das ihm nur natürlich erschienen, die Erschöpfung packte jeden Neuling rasch. Überall lagen schweißgebadet Erschöpfte auf dem Boden in tiefem Schlaf. Die Ärztin war, mit dem Gesicht auf dem Boden, direkt neben den regungslos an der Mauer Lehnenden niedergefallen. Unendlich vorsichtig hob sie den Kopf so weit, um unter die Kapuzen der Burnusse sehen zu können.

Sie hatte richtig berechnet, neben ihr lehnte Mister Holligan, offenbar in schwerer Haschischbetäubung; das konnte sie an den glanzlos offenen Augen sehen. Sie tastete den Körper entlang, nur die Füße waren lose gefesselt. Ein Schnitt mit dem Taschenmesser genügte, den Strick zu lösen. Nun kam die schwierige Aufgabe, dem Betäubten eine Spritze Coffein zu geben, als stark wirkendes Belebungsmittel. Noch blieb ihr genügend Zeit, sie wußte, vor dem Letzten las der Vorsteher noch die Suren des Korans, die den um Allahs willen Sterbenden die Wonnen des Paradieses versprachen, und glücklicherweise waren diese Wonnen recht ausführlich geschildert. Dann noch ein letzter tobender Tanz. Es war ihr geglückt, durch die weißleinenen Pumphosen die Spritze dem Engländer ins Bein zu stoßen. Sie hielt nun seinen Puls und schob sich langsam in die Höhe, bis sie ihren Mund fast an seinem Ohr hatte. Nach angstvollen Minuten merkte sie die erste Wirkung des Gegengifts. In Pausen flüsterte sie: «Um Gottes willen ruhig, ganz ruhig bleiben. Gut Freund! Rettung! Ruhig bleiben. Nehmen Sie sich zusammen!» Sie sah ihm in die Augen, das Bewußtsein kehrte zurück. «Verstehen Sie mich? Tahiba. Rettung!» Sie spürte einen leisen Druck an ihrer Hand. «Versuchen Sie, ob Sie sich bewegen können. Vorsicht! Nun folgen Sie mir aufs Wort, sonst sind wir beide verloren, ich habe genau überlegt. Sehen Sie Sidi Bel Kousam in der Tür?» Er nickte. «Wenn ich Ihre Hand loslasse, so stehen Sie auf, rasch. Sie werden taumeln, das ist gut, man wird Sie für einen Tänzer nehmen. So rasch als möglich zu Sidi Bel Kousam, er wird Sie zu Pferden führen. Ich komme sofort nach. Bis die Pferde losgebunden, bin ich auch da. Kein Einwand. Einziger Weg. Verstanden? Nicht hierher umsehen!» Ein leichtes Nicken, ein Händedruck. Nun kommen angstvolle Minuten. Die Koransuren wurden verlesen. Wer nicht ganz erschöpft am Boden lag, der kauerte sich auf die Fersen und folgte, den ganzen Körper hin- und herwiegend, den rhythmisch gesprochenen Versen.

Gespannt lauschte die Ärztin. Jetzt! Das waren die Schlußworte. Das war der günstige Augenblick. Die Musik setzte wieder ein. Ein wilder Schrei aus allen

Kehlen, erneut begann der Tanz. Sie ließ die Hand des Freundes nach festem Druck los, und im gleichen Moment, wo er aufsprang, wälzte sie sich mit einer raschen Bewegung auf seine Stelle an der Mauer. Drei, vier atemlose Sekunden. Er war an der Tür. Bel Kousam faßte seine Hand, sie verschwanden durch das Tor. Die Ärztin lehnte mit geschlossenen Augen an der Mauer. Ein Moment der Erholung. Aber sie durfte nicht zögern, wenn sie nicht gleich zu denen draußen kam, würde Bel Kousam doch die Soldaten rufen, und Mord und Totschlag wäre dann da. Sie entledigte sich ihres Burnusses und ballte ihn neben sich zu einer menschenähnlichen Gestalt. Es würde keinen täuschen, der auch nur ein wenig scharf hersah, aber schließlich war es ziemlich dunkel hier an der Mauer, und der weiße Fleck war immerhin besser als eine ganz leere Stelle. Nur mit dem festgewickelten Kopftuch der Tuareg und dem Haik bekleidet, sprang sie dann auf, mischte sich noch einmal unter die jetzt in besinnungsloser Raserei Tanzenden, glitt geschmeidig zwischen jeder möglichen Lücke durch, dann fast besinnungslos vor plötzlicher Furcht, stolpernd über die am Boden Liegenden, die letzten gefährlichen Sprünge hin zur rettenden Tür. Sie war draußen! Da waren Bel Kousam und Mister Holligan auf den Pferden. Mit einem festen Griff zog Bel Kousam die Ärztin zu sich aufs

Pferd. Sie hätte jetzt nicht allein reiten können. Den Wächter hatte der Scheich mit einem Faustschlag zu Boden gestreckt. Die Peitschen flogen auf die Pferde nieder, in rasendem Galopp ging's der Oase zu.

Drinnen mochten sie unterdessen das Fehlen des Gefangnen bemerkt haben. Man hörte ein wildes Brüllen, die Musik brach plötzlich ab; weiße Gestalten tauchten aus dem Tore auf. «Schießen!» schrie die Ärztin auf. «Satteltasche, Revolver! Mister Holligan, schießen!» Ein Schuß knallte. Dunkle Gestalten galoppierten den Fliehenden entgegen. Ohne Aufenthalt ritten sie weiter. Sie hörten durch das Gebrüll eine Gewehrsalve, dann lautlose Stille, die Stille der Wüste.

Anhang

AUS BRIEFEN VON HEDWIG UND GUSTAV LANDAUER AN HEDWIG UND FRITZ MAUTHNER*

Hermsdorf b. Berlin, 2. Oktober 1912

Liebe Hedwig!

Dein Büchlein** hat mich so sehr gefreut, als es mir in seiner natürlich kraftvollen und sicheren Darstellung gefallen hat. Du bist eine geborene Erzählerin, daran ändert der Umstand nichts, daß Dir drei Geschichten nicht ganz zur eigenen Zufriedenheit geraten sind, und daß sie, wie ich zugeben will, ungleich im Wert sind. Jedenfalls hast Du alles herausgebracht, worauf es wesentlich ankommt. Die kleine, enge Welt gewinnt humorvolle Lebendigkeit, überall zeigen sich an der bäuerlichen Physiognomie Züge von Ursprünglichkeit und Originalität. Beson-

---

* Aus: Gustav Landauer: *Sein Lebensgang in Briefen.* Unter Mitwirkung von Ina Britschgi-Schimmer, hrsg. von Martin Buber, 2 Bde. Frankfurt 1929.

** Betrifft das von Hedwig Mauthner unter dem Pseudonym Harriet Straub 1912 veröffentlichte Erstlingswerk *Rupertsweiler Leut'*.

ders gut finde ich die «Gertrude» mit ihrem Hang zum Mystischen, dem die durchtriebene Bauernschlauheit darum doch nicht abhanden gekommen ist. Aus welchem Zauberformelbuch hast Du bloß die famosen Sprüchlein? Solltest Du sie selbst gemacht haben, so fände ich das ganz köstlich. Du hast einem sehr großen Appetit auf das gemacht, was nun folgen soll, und was Du, wie Du mir andeutetest, schon in Arbeit hast.* Das Büchlein ist auch äußerlich sehr hübsch ausgestattet. Ich habe mich noch nicht recht aufs Arbeiten verlegt. Was ich so ab und zu zu meiner eigenen Entladung und Genugtuung von mir gebe, kann ja kaum als solches gelten. Die Häuslichkeit vulgo Wirtschaft fordert auch immer ihren Tribut, besonders wenn man mit keiner solchen Perle gesegnet ist, wie Ihr. Wie habt Ihr wohl seither gelebt? Ich hoffe, daß die verschiedenen Übel, die sich damals bei Euch niedergelassen hatten, längst beseitigt sind. Wir haben auch, Gott sei Dank, nicht zu klagen. Die Tage bei Euch sind mir noch in leuchtender Erinnerung.

Schönste Grüße für Dich und Ihn, und Dank
Deine
Hedwig Landauer

---

* Bezieht sich auf: *Zerrissene Briefe*, München 1913, Neuausgabe Freiburg 1990.

Ja, ich weiß auch nicht, was Du willst, liebe Hedwig Mauthner; ganz ausgezeichnet finde ich die Geschichte und weiß, daß das auch mein Eindruck wäre, wenn ich nicht ab und zu Dich ganz persönlich reden hörte. Besonders gut gefällt mir die Einheitlichkeit der Gedankenwelt, die sich keinen Augenblick direkt, sondern nur durch die Wahl der Stoffe und die Art der Erzählung ausspricht. Du treibst in Deiner stillen, vergnüglichen Art und dabei mit dem Entschluß, die Leute ruhig so zu lassen, wie sie sind, eine Kritik, die scharf genug ist. Andre tun das auch und verbergen sie auch hinter dem trockenen Ton und bringen es dadurch zu ihren Wirkungen, z. B. Thoma; mir scheint nur, daß, was bei ihnen Kunst ist, bei Dir Natur ist. Diese innere Einheitlichkeit ist mir wichtiger als die Einheit des Schauplatzes, die mir ein nachträglicher kluger Einfall scheint; wenigstens merke ich noch Spuren der Redaktion: S. 80 ist noch zweimal das Fräulein Theres stehengeblieben, deren Name, sonst überall wegen der Übereinstimmung mit den übrigen Geschichten in Martha verwandelt wurde; und ich gestehe, daß ich an die Identität der Lenebas in den beiden Geschichten *«Ein verdienstliches Werk»* und *«Die Lenebas»* nicht recht glauben kann; auch der Pfarrer ist nicht überall der nämliche. – Doch das sind Kleinigkeiten, die nicht sehr in Betracht kommen.

Meinen Glückwunsch also; das Büchel wird seinen Weg machen und wird vielen eine Freude sein.

Sei mit Deinem Mann und Effendi herzlich gegrüßt!

Gustav Landauer

Hermsdorf b. Berlin, 8. Dezember 1913

Liebe Freunde!

[...]

Weil wir gerade bei Naivität sind, will ich Dich, liebe Hedwig, an einer kleinen Freude teilnehmen lassen, die mir heute ins Haus gekommen ist. Ein deutscher Arbeiter schreibt mir tief aus Amerika:

«Der achtundzwanzigste Novemver (Datum des Briefes) ist hier der große Danksagungstag. Auch ich feiere gewissermaßen mit. Ich danke jener gütigen Fügung, die es schickte, daß ich zum Sozialismus, zu unserem Sozialismus und zum ‹Sozialist› kam. Glauben Sie mir, daß ich mich damals, wo ich knapp zu essen hatte, glücklicher fühlte als heute. Damals, wo ich knapp zu essen hatte, aber mit Kameraden zusammen war, während ich heute wohl zu essen habe, aber keinen einzigen Menschen, mit dem ich reden kann, wie es mir um Herz und Sinn ist. So muß ich alles, allen Groll und alle Lust, in mich hineinfressen und kann nichts davon abgeben. Nur wenn der ‹Sozialist› kommt, dann fühle ich mich erhoben und gekräftigt. Dann weiß ich mal wieder, daß ich Leute in dieser Welt habe, deren Streben dem meinen verwandt ist. Was meinen Sie wohl, was ich darum geben würde, eine solche Freundin oder solchen Freund ähnlich jener Ruth zu besitzen, die da den Brief aus der Wüste* geschrieben ...» [...]

Herzliche Grüße Euch beiden! Euer
Gustav Landauer

* Harriet Straub (Hedwig Mauthner): «Aus der Wüste». In: *Sozialist* vom 15. September 1913; dann in: *Zerrissene Briefe*, München 1913, Neuausgabe Freiburg 1990, S. 9-32.

BIBLIOGRAPHIE UND QUELLENVERZEICHNIS

Buchpublikationen:

Hedwig O'Cunningham: *Beutter-Büchlein. Erinnerungen an unsern Katecheten*. Als Manuskript gedruckt, Freiburg 1909.

Harriet Straub: *Rupertsweiler Leut'*. München 1912. Neudruck mit einem Nachwort von Karin Walter und einer biographischen Notiz von Herbert J. Burkhardt, Freiburg/Basel/Wien 1988.

Harriet Straub: *Zerrissene Briefe*. München 1913. Neuausgabe hrsg. von Ludger Lütkehaus, Freiburg i. Br., 1990.

Erzählungen, Feuilletons, Essays:

Harriet Straub: «Heiße Sonne». In: *Das Bodenseebuch*, Konstanz 1914, S. 125-130.

Dies.: «Der schwarze Panther». In: *Das Badische Buch*, Erster Band, Erzählungen heimischer Dichter, Hrsg. Walter Jerven. Konstanz 1916, S. 115-119.

Dies.: «Kämpfer daheim. Frau Unwichtig. Verschüttet». In: *Das Bodenseebuch*, Konstanz 1916, S. 114-119.

Dies.: «Vom mystischen Weg und Irrweg». In: *Das Bodenseebuch*, Konstanz 1925, S. 101-105.

Dies.: «Die Araber in Algerien. Frauenleben. Eine arabische Heilige». In: *Das Bodenseebuch*, Konstanz 1925, S. 106-115.

Hedwig Mauthner: «Fritz Mauthners Erbe.» In: *Die Weltbühne*, Berlin 1926, S. 220-221.

Harriet Straub: «Die Droste in Meersburg». In: *Vossische Zeitung* vom 2. 12. 1930.

Dies.: «Tat twam asi.» In: *Vossische Zeitung* vom 13. 9. 1931.

Dies.: «Wüstenabenteuer». In: *Vossische Zeitung* vom 4. 11. 1932.

Dies.: «Umbrische Legende». In: *Vossische Zeitung* vom 5. 7. 1933.

Sekundärliteratur:

Martin Andersen-Nexö: *Die verlorene Generation.* Berlin 1950, S. 184 f.

Herbert Burkhardt: «Harriet Straub. Ärztin und Schriftstellerin – eine ungewöhnliche Frau». In: *Emmendinger Heimatkalender*, Emmendingen 1986, S. 33 f.

Helene Federn-Schwarz: «Fritz Mauthners siebzigsten Geburtstag». In: *Das Bodenseebuch*, Konstanz 1920, S. 83-85.

Grete Gulbransson: «Das liebe Ich und die Zeitgenossen. Bodenseeverzauberung». In: *Velhagen und Klasings Monatshefte*, Braunschweig 1926, S. 338-344.

Walter Jerven: «Eine literarische Bodenseewanderung». In: *Das Bodenseebuch*, Konstanz 1914, S. 149 ff.

Ders.: «Von unseren Bodenseedichtern». In: *Das Bodenseebuch,* Konstanz 1915, S. 180 ff.

Joachim Kühn: *Gescheiterte Sprachkritik. Fritz Mauthners Leben und Werk.* Berlin/New York 1975, bes. S. 244 ff., 268 ff.

Ludger Lütkehaus: «Zwischen Emmendingen und Tamanrasset. Über Hedwig Mauthner/Harriet Straub». In: *Allmende,* Bd. 28/29, Jg. 1990, S. 141-162.

Wilhelm Restle: «Hedwig Mauthner». In: *Das Bodenseebuch,* Konstanz 1946, S. 97 f.

BIOGRAPHISCHE NOTIZ*

Harriet Straub, Pseudonym für Hedwig Luitgardis Straub, geboren am 20. Januar 1872 in Emmendingen bei Freiburg im Breisgau. Besuch der Gymnasialkurse von Helene Lange in Berlin. 1890 erste Eheschließung und Scheidung. Danach Studium der Medizin und der Philosophie an den Universitäten Zürich und Paris: medizinisches Staatsexamen an der Sorbonne. Bis etwa 1900 zehn Jahre lang Arbeit als Ärztin in der französisch kolonialisierten Sahara. Zweite Heirat und Rückkehr nach Europa. Aufenthalte in Deutschland, Großbritannien, Schweden und Dänemark. Seit 1904 ständig in Freiburg im Breisgau. 1906/7 Bekanntschaft mit dem Schriftsteller und Philosophen Fritz Mauthner (geb. 1849). 1909 gemeinsamer Umzug in das Glaserhäusle bei Meersburg a. B. 1910 Heirat. Seit 1912 unter dem

---

* Für alle weiteren Angaben vgl. das Nachwort des Herausgebers in: *Zerrissene Briefe,* Kore Verlag, Freiburg 1990, S. 113-129.

Namen Harriet Straub eigene Buchpublikationen: Erzählungen, Skizzen und Essays in Zeitungen und Zeitschriften. 1914 Bruch der Freundschaft zwischen den Mauthners und den Landauers. 1920 «Meersburger Kirchenkampf». Kirchenaustritt Hedwig Mauthners. 1923 Tod Fritz Mauthners; die Gründung einer *Fritz-Mauthner-Akademie* scheitert unter großen finanziellen Verlusten. 1928 Notverkauf des Glaserhäusle. 1933 Aberkennung der Rente durch die Nazis und Publikationsverbot. Am 20. Juni 1945 Tod Hedwig Mauthners.

NACHWORT

«Aus der Wüste» ist der erste der *Zerrissenen Briefe** Harriet Straubs überschrieben. «Aus der Wüste», im buchstäblichen und im übertragenen Sinn, stammen auch die Texte, die hier erstmals gesammelt als Harriet Straubs viertes Buch vorgelegt werden: Erzählungen, Skizzen, Essays, die zwischen 1914 und 1932 in verschiedenen Zeitungen, Zeitschriften und Jahrbüchern erschienen sind.

Das Erlebnis der abenteuerlichen zehn Jahre, die die Autorin als Ärztin in der französisch kolonialisierten Sahara gelebt hat, geht in diese Texte ebenso ein wie die Perspektive einer «Frauen-Emanzipation», die das Frauenleben in der Männerwelt als Wüstenerfahrung reflektiert.

Die 1914 und 1916 publizierten Eingangserzählungen «Heiße Sonne» und «Der schwarze Panther» zeigen diesen identischen Kern gerade in der scheinbaren Gegensätzlichkeit der Milieus, der kulturellen

---

* Neuausgabe Kore Verlag, Freiburg 1990, S. 9-12

und sozialen Traditionen. Das jungverheiratete weibliche «Ding», das vom «welterschaffenden» Mann in der Umkehrung der wahren generativen Verhältnisse «geboren» wird, um in der Ehe mit ihm zuverlässig zu sterben, während der dem Zwangsopfertod gerade entronnene jugendliche Treiber unmittelbar getötet wird, weil der eifersüchtige Welt- und Menschenschöpfer wie der biblische keine fremden Götter neben sich gelten läßt – dieses «Ding» findet unter okzidental gemäßigten Bedingungen seine Entsprechung in der sterilisierten Appassionata, die von ihrem behandelnden Arzt und Mann Gesundheit um den Preis ihres Lebens erkauft hat. Die Selbsttötung, mit der die eine sich als autonomes Subjekt von eigenen Schöpfungs- und Vernichtungsgnaden wiedergewinnt, wird bei der anderen in der Fortführung von Harriet Straubs *Zerrissenen Briefen* zu dem Abschied von einem Zusammenleben, in dem nichts den Namen dieses vielversprechenden Kompositums verdient. Mag sein, daß von der Autorin dieses Briefes der Bogen von dem kindlichen «Etsch» des Beginns über die plakative Sonate der Leidenschaft bis zum «Schwarzen Panther» etwas überspannt wird. Das Bild dieses Panthers – des Straubschen nicht des zu Tode zitierten Rilkeschen! – symbolisiert plausibel den Sprung aus dem Gefängnis der Rollenidentität. Daß die altvertraute Spannung zwischen Zärtlichkeit und Leidenschaft, hier zwischen «Ruhe», «Friede», «Glück» einerseits, «Leben» oder auch «Kunst» andererseits, in erster Linie das Charakteristikum männlicher Panthersprünge sei, wird dabei wie selbstverständlich revidiert.

Texte aus der Wüste sind bei näherem Zusehen auch die beiden Essays über die Droste von 1924 und 1930. Die Abtreibung ihrer Liebe zu dem Protestanten Heinrich Straube – der fast ein Namensvetter des Pseudonyms der Autorin ist – steht für die Domestikation einer Frau, die von Kirche, Familie und Klasse so zugerichtet wird, daß sie «nur mehr für Andere» lebt. Und siehe da, so das bittere Finale: Fast hat man sie am Ende zur Hungerkünstlerin gebracht. Zu *der* katholischen Dichterin Deutschlands ist die Droste für ihre Meersburger Wahlverwandte nicht geworden, *weil*, sondern *obwohl* sie so fromm und so brav und so katholisch war.

Die Wahlverwandtschaft des Meersburger Glaser- und des Fürstenhäusle bleibt im übrigen allerdings begrenzt: Das Leben der Droste folgte letzten Endes gehorsam jenen Gesetzen, die Harriet Straub auch als Hedwig Mauthner bekämpft hat. Daß sie damit aus den approbierten Dichterinnen-Gesellschaften notwendigerweise herausfiel, wie der zweite Essay zeigt, ist nur zu verständlich, weil diese nun einmal die «Puppenhäuschen», die Noraschen und Drosteschen Puppenheime lieben.

Wieder unmittelbar in die Wüste zurück führen die 1923 veröffentlichten Skizzen «Die Araber in Algerien». Im ersten Teil «Frauenleben» ist eine Ehegeschichte absehbar, wie sie sich ohne den Ausweg der Selbsttötung auch unter der «Heißen Sonne» angebahnt hätte. Auch hier gewinnt das Wort «Frauenleben» angesichts der Opfer, die ihm eingeschrieben sind, einen bitteren Ton. Wenn die Erzählerin sich dennoch mit den Lebensformen der Frauen unter den Bedingungen des arabischen Patriarchats und seinem sinnfälligsten Symbol – dem Schleier – zu arrangieren scheint, so nicht, weil sie ihre Loyalität gegenüber der «Frauen-Emanzipation» preisgegeben hätte, sondern deswegen, weil ihre teilnehmende Beobachtung auf keinen Fall den europäisch bösen Blick auf die arabische Welt werfen will. Angesichts dessen, was sie mit ihren arabischen Geschlechtsgenossinnen gegen den bösen Blick der europäischen Männer auf ihre unverschleierten weiblichen Triebobjekte einzuwenden hat, ist der Einblick in ein Frauenbad, den sie auch den Lesern gestattet, erstaunlich.

In sich schlüssiger wieder das Porträt der «Arabischen Heiligen»; einer Marabuta, die die scheinbar festgefügten Hierarchien des diesseitigen wie des jenseitigen Patriarchats sprengte. Hier wie in dem Porträt jener zweiten Äbtissin, die im Erzählungsteil des – kritisch gegen den ehemaligen Freund Martin Buber gewendeten – Essays über den «Mystischen Weg und Irrweg» (1925) für den «Weg» steht, kommt es zu einer verblüffenden Verbindung des rollen- und des religionskritischen Motivs; im Schleiermotiv finden beide ein suggestives Symbol: Läuft der religiöse (nicht der kirchliche!) Weg, von dem Hedwig Mauthner selbst in der Zusammenarbeit mit ihrem Mann – nach Schopenhauer und Nietzsche einer der Großmeister des europäischen Atheismus – nicht lassen mochte, in eine entschieden dogmenlose, ichlose, sprachlose Mystik aus, die sich unter einem wüstenhaft klaren und leeren Himmel von allen Wortschleiern der Tradition befreit, so ist das eindrucksvolle Gesicht der Marabuta ebenso unverschleiert wie das, was sie sehen zu lehren sucht.

Die späte Erzählung «Wüstenabenteuer» (1932), die man keinesfalls auf ein Stück bloß spannender Abenteuerliteratur reduzieren darf, räumt schließlich definitiv mit den «Puppen»-Bildern jeder Sorte auf, sei es nun unter Arabern oder unter Europäern. Die Männergesellschaft formiert sich hier zum sadistisch-masochistischen Derwischtanz, der nun einmal Opfer bringen und haben will, bis die befreiende Tahiba, nicht die Militärs mit ihren untauglichen Mitteln, dem männlichen Opfer Besinnung und Rettung bringt.

Das alles hat unter Wüstenbedingungen hochsymbolische Bedeutung, ohne symbolistisch blaß zu werden. Wenn Hedwig und Gustav Landauer Harriet Straub brieflich *«eine geborene Erzählerin»* nennen, so ist das qualitativ durchaus angemessen, obwohl es natürlich außer acht läßt, daß auch diese Erzählerin nicht geboren, sondern eben «in der Wüste» dazu geworden ist. Würde ich noch hinzufügen, daß sie in den besten ihrer Texte aus dem Frauenleben so atemberaubend erzählen kann, wie die schreibende männliche Shatterhand es nur karlmayend zustande bringt, dann wäre das zwar womöglich ein waschzetteltaugliches Kompliment – aber eines, das die unverwechselbaren Eigentümlichkeiten dieser Erzählerin wieder verschleierte.

Ludger Lütkehaus

HARRIET STRAUB

ZERRISSENE BRIEFE

Herausgegeben
von Ludger Lütkehaus

Kore

«In einer patriarchalen Dorfgemeinschaft werden Frauengestalten gezeichnet, die mit Witz und Charme ihren Platz behaupten ...»
Evangelische Kirchenzeitung/Baden

Harriet Straub
Rupertsweiler Leut'
120 Seiten, gebunden
ISBN 3-451-21183-1

Verlag Herder Freiburg – Basel – Wien

STEFFIE SPIRA
ROTE FAHNE MIT TRAUERFLOR

Tagebuch-Notizen

Kore

STEFFIE SPIRA

TRAB DER SCHAUKELPFERDE

Autobiographie

Kore

Dreikönigstr. 6, D- 7800 Freiburg 0761/702034

Umschlaggestaltung: Michael Wiesinger
Satz: Kore, aus der Palatino
Druck und Bindung: Offizin Andersen Nexö, Leipzig
Printed in Germany

Titelbild: Harriet Straub,
in der Kleidung einer Beduinenfürstin

CIP-Titelaufnahme der Deutschen Bibliothek:
Straub, Harriet:
Wüstenabenteuer. Frauenleben : Harriet Straub, Hrsg. von
Ludger Lütkehaus. – Freiburg i. Br. : Kore, 1991
ISBN 3-926023-26-0